Un nido de paz para la muerte

"Anne-Marie usa la imagen de construcción de nidos para presentar formas de construir círculos protectores de cuidados para las personas moribundas y para sus seres queridos. Mediante una narración tierna y amorosa, se basa en psicología, espiritualidad y sabiduría ancestral e incluye una discusión sobre temas de atención práctica derivados de sus años de experiencia. Es reconfortante encontrar una autora sensible a la necesidad literaria sobre el final de la vida para confrontar la perspectiva privilegiada y comenzar a abordar los aspectos culturales, disparidades de clase, género y raza en la atención del final de la vida. *Un nido de paz para la muerte* será un valioso apoyo para las familias que enfrentan la pérdida de un ser querido".

JUDITH LIEF, PROFESORA BUDISTA, ESTUDIANTE Y EDITORA DE *CHÖGYAM TRUNGPA RINPOCHE,* Y AUTORA DE *MAKING FRIENDS WITH DEATH*

"Anne-Marie nos ha regalado una guía informativa, holística y completa para atender a aquellos que están en la última etapa de sus vidas. La orientación práctica, métodos de consciencia plena, recomendaciones de hierbas y narraciones ofrecidas en *Un nido de paz para la muerte* nos permite apoyarnos unos a otros para crear una experiencia de muerte que refleje nuestra experiencia única de vida".

ADITI SETHI, M.D., MÉDICO DE CUIDADOS PALIATIVOS,
DOULA ÁL FINAL DE LA VIDA Y DIRECTORA EJECUTIVA Y FUNDADORA DEL
CENTER FOR CONSCIOUS LIVING & DYING

"Una guía que trascenderá tu visión sobre la muerte, el morir y cómo coexistir amistosamente con la muerte. Está llena de un conocimiento trasmitido con ternura que lleva al lector a través de un viaje sobre etapas de la muerte, formas en que los cuidadores pueden brindar apoyo durante el proceso de transición, meditaciones para el donante y cliente, y prácticas tranquilizantes. Anne-Marie ha normalizado, con suavidad, un tema que rara vez se aborda tan abiertamente. Escrito para cualquiera que pueda tener curiosidad sobre el trabajo de la muerte, cuidadores y para todos nosotros que tendremos ese llamado a la puerta de un íntimo desconocido al que llamamos Muerte".

SONYA-PRAJNA PATRICK, PH.D., DOULA DE LA MUERTE, TRABAJADORA DE
MAGIA Y CONJUROS Y LECTORA DE HUESOS

"La forma en que Anne-Marie navega la muerte y el dolor es intencional, nutritiva, amorosa, meditativa y curativa. Sus palabras evocan una experiencia sensual para el lector, pues da vida a la esencia del servicio de doula de la muerte. Recomiendo encarecidamente *Un nido de paz para la muerte* a cualquiera que esté interesado en mantener conscientemente el espacio para su ser querido o para _____ ___ ____ ___vés del proceso de muerte".

_NEL, FUNDADORA DE WAO TEA Y AUTORA DE
TEA, REMEMBERING THE ESSENCE OF LIFE

T0283085

"*Un nido de paz para la muerte* es un manual compasivo sobre cómo abordar la muerte de manera consciente, tanto nuestra propia muerte como la de aquellos a quienes amamos. La educadora sobre la muerte y doula Anne-Marie Keppel brinda a los lectores las herramientas necesarias para convertir el proceso del final de la vida en una experiencia hermosa y sanadora. Lleno de amor y espíritu, este es un libro que recomendaré a mis clientes, ya sea que se enfrenten a la muerte o el duelo por la pérdida de un ser querido".

SALICROW, MÉDIUM PSÍQUICO Y AUTORA DE *SPIRIT SPEAKER*

"Como se explica en *Un nido de paz para la muerte*, morir puede ser un momento de desconocimiento y al mismo tiempo un viaje guiado con sabiduría y confianza, ambas respaldadas por las anécdotas y explicaciones de Keppel. Este libro de conocimiento cuidadosamente construido anima a los lectores a dejar de lado la lógica y el control rígidos, así como a aceptar todo lo que pueda anticiparse durante el final de la vida, cubriendo una variedad de temas desde lo inefable hasta lo muy práctico y mucho más en el medio".

FRANCESCA LYNN ARNOLDY, DOULA COMUNITARIA Y AUTORA DE *THE DEATH DOULA'S GUIDE TO LIVING FULLY AND DYING PREPARED*

"La filosofía de Keppel, centrada en el corazón y basada en la comunidad, la establece como líder en el emergente movimiento holístico de atención de la muerte. Recomiendo *Un nido de paz para la muerte* a todos los aspirantes a doulas de la muerte, profesionales médicos que prestan servicios en espacios al final de la vida, voluntarios de cuidados paliativos y cuidadores domiciliarios. Este es un compañero de cabecera para el tierno viaje mientras nos acompañamos unos a otros a casa".

JADE ADGATE, DOULA DE LA MUERTE Y CURADORA DE LA FAREWELL LIBRARY

"Anne-Marie ofrece consejos sabios y prácticos para ayudar, sostener y tener una presencia consciente de todo lo que este rito de paso trae para la doula, el moribundo y para aquellos que deben dejarlos ir. Cualquiera que sea tu creencia sobre la otra vida, sea cual sea tu experiencia previa con la muerte y el acto de morir, este libro te invita al cruce en el camino, donde la vida se encuentra con la muerte, un lugar sagrado de profunda gravedad, transformación y remembranza".

FEARN LICKFIELD, DIRECTOR DEL GREEN MOUNTAIN DRUID SCHOOL AND DREAMLAND SANCTUARY

"Este es el libro para aquellos que gravitan hacia la muerte o se encuentran arrojados a ella. A través de una exploración de territorios ancestrales bajo una nueva óptica, Anne-Marie Keppel resume para nosotros la esencia del cuidado activo en una descripción completa, práctica y amorosa".

LEE WEBSTER, DEFENSOR DE LA REFORMA FUNERARIA Y DIRECTOR DE NEW HAMPSHIRE FUNERAL RESOURCES & EDUCATION

"*Un nido de paz para la muerte* es refrescante, esclarecedor y cautivador. Se atreve a hablar y a fondo sobre un tema que apenas se toca en nuestra sociedad, a pesar de ser una realidad con la que todos vamos a tener que lidiar. Este libro ofrece al lector una visión reflexiva y humana para afrontar la muerte".

RAFAEL OLIVARES, M.D., VOLUNTARIO DE MÉDICOS DEL MUNDO

Un nido de paz para la muerte

Prácticas compasivas del cuidado físico,
emocional y espiritual de una doula
de la muerte

Anne-Marie Keppel

Traducción por Martha Baranda Torres

Inner Traditions en Español
Rochester, Vermont

Inner Traditions en Español
One Park Street
Rochester, Vermont 05767
www.innertraditions.com

Inner Traditions en Español es un sello de Inner Traditions International

Título original: *Death Nesting: The Heart-Centered Practices of a Death Doula* publicado por Bear and Company, sello de Inner Traditions International.

ISBN 978-1-64411-827-6 (impreso)
ISBN 978-1-64411-828-3 (libro electrónico)

Impreso y encuadernado en Estados Unidos por Lake Book Manufacturing, LLC.

10 9 8 7 6 5 4 3 2 1

Diseño de texto por Priscilla Baker y maquetación por Mantura Teresa Kabchi. Este libro se ha transcrito en Garamond Premier Pro con Arquitecta, Gill Sans, Legacy Sans y Mrs. Eaves como fuente de visualización.

La mayor parte del apoyo herbal proviene de Sandra Lory/Lazorcak. El arte es creacion de Camila Coddou.

Para enviar correspondencia al autor de este libro, envíe una carta a la atención de Inner Traditions - Bear & Company, One Park Street, Rochester, VT 05757 y le remitiremos la comunicación, o póngase en contacto con la autora directamente a través de **www.AnneMarieKeppel.com**.

Escanea el código QR y ahorra un 25 % en InnerTraditions.com. Explora más de 2.000 títulos en español e inglés sobre espiritualidad, ocultismo, misterios antiguos, nuevas ciencias, salud holística y medicina natural.

Para mis tres bebés,
Phineas Rhodes, Elsa Isidora y Amaia Luna

Gracias a mi propia madre Teresa
quien leyó esto cada vez que se lo pedí.

Índice

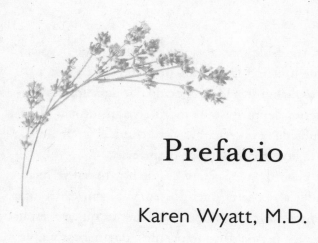

Prefacio

Karen Wyatt, M.D.

*A*veces me pregunto si los futuros historiadores percibirán el siglo anterior como la época en la que los seres humanos del mundo desarrollado olvidaron cómo existir con el concepto de la muerte; una época en la que perdimos esa sabiduría de cabecera adquirida a través de incontables generaciones de cuidadores que atendieron a sus seres queridos a la espera de fallecer en casa. Y es que pocos años después de la transición hacia el siglo XX, la sociedad moderna relegó a sus muertos a las empresas funerarias, a los agonizantes a guardias descuidadas en sótanos de hospitales y a los dolientes a sufrir en silencio y aislamiento. La antigua sabiduría de cuidar tanto a moribundos como muertos en casa se esfumó en el olvido y la muerte se convirtió en un enemigo oculto que debe ser ignorado y evitado a toda costa.

Sin embargo, la sociedad ha rechazado la muerte para su propio perjuicio, pues la vida no puede existir sin la muerte y aquellos que se niegan a reconocer a la muerte no pueden experimentar la vida a plenitud. Sin la consciencia de la muerte, la gente se esfuerza por encontrar un sentido a su vida y nunca comprende que cada momento de esta existencia es precioso, simplemente porque es fugaz. Esta verdad se me ha revelado a través de mi trabajo como doctora de hospicio, al visitar familias que tomaron la decisión de mantener en casa a sus seres amados a punto de morir. He reconocido que aquellos que participan en los misterios del proceso de morir se transforman al testificar la belleza cruda de la muerte. He visto como el amor florece cuando se abraza a la muerte, en lugar de despreciarla.

Sin embargo, a pesar de que las familias de hoy hacen su mejor esfuerzo para atender a sus seres queridos en casa, aún existe una falta de conocimientos acerca de cómo convivir con quienes están por fallecer durante los momentos inesperados, desafiantes y milagrosos de este proceso. Aprendí esto por experiencia propia, cuando se me requirió cuidar a mi propia madre al momento de su muerte. Como médica de hospicio con muchos años de experiencia, asumí que sabía todo lo necesario para apoyarla durante sus últimos días. No obstante, una y otra vez me senté al lado de su cama sintiéndome incapaz de asistirla en esta travesía. Sabía todo acerca de los medicamentos que podía prescribirle, pero nada acerca del cuidado práctico, cariñoso y de apoyo que pudo haber hecho toda la diferencia. En medio de una noche insomne, reconocí todo lo que no sabía y también que no tenía a dónde recurrir para aprender lo que necesitaba saber en ese momento. Sin duda, muchos otros cuidadores se encuentran en situaciones similares al confrontar los desafíos de estar con un ser querido que está muriendo.

Este libro que estás leyendo contiene las respuestas que yo busqué durante aquellos días y noches que pasé con mi madre. Anne-Marie Keppel ha recopilado la sabiduría "perdida" de los viejos modos de ser con los agonizantes y la combinó con las mejores prácticas del cuidado moderno en casa para crear una guía para todas las personas que desean atender a la muerte al lado del lecho. Este libro enfatiza que la experiencia de la muerte es transformadora, tanto para el paciente como para el cuidador, quienes juntos bailan una delicada danza a medida que se desarrollan los últimos momentos de la vida. Existen prácticas para crear un espacio sagrado para el paciente y asistirlo con los aspectos físicos, emocionales y espirituales del proceso de morir, incluso terapias herbales aportadas por Sandra Lory. Para el cuidador, este libro contiene meditaciones de consciencia plena, numerosos consejos prácticos para el autocuidado y sugerencias para manejar las situaciones inesperadas y, en ocasiones, angustiantes que pueden surgir durante el proceso de morir.

Tanto si eres una doula del final de la vida en práctica como si eres una persona laica que enfrenta la tarea de atender a un ser querido, este libro es el recurso necesario para redescubrir el conocimiento que alguna vez fue abandonado por la sociedad moderna. Cuando nos familiarizamos con la naturalidad de la muerte y la invitamos a regresar a nuestra consciencia, podemos restablecer el equilibrio y el sentido de toda la vida, sin dar nada por hecho y tratando a todos los seres con cuidado. Mientras luchamos con la guerra, la devastación climática, una pandemia global y la injusticia social en este planeta, seguramente podemos beneficiarnos de esta sabiduría que honra la cualidad sagrada tanto de la vida como de la muerte y que nos guía hacia una mayor armonía en este ciclo natural de la existencia.

En cuanto a mi experiencia de cuidado con mi madre, me las arreglé para encontrar en mi interior mi propia guía intuitiva durante la última noche de su vida. Desperté de un sueño ligero y me di cuenta de que ella no me había llamado ni había tocado la pequeña campana de su mesita de noche durante algunas horas. Cuando fui a echarle un vistazo, descubrí que su respiración ya se había vuelto irregular y comprendí que ella no estaría conmigo mucho tiempo más. Comencé a llorar porque no estaba lista para que nuestro viaje juntas en este misterioso portal de la muerte llegara a su final. Quería experimentar más ese increíble amor que apenas acabábamos de empezar a compartir. No obstante, el tiempo no dependía de mí. Sin saber qué más hacer en ese momento, me acosté en su cama y acuné su cuerpo flexionado contra el mío, creando un nido seguro donde ella pudiera relajarse. Ella abrió brevemente los ojos, sonrió y me dio unas palmaditas en el brazo que la rodeaba. De la misma forma en la que con tanta frecuencia me había abrazado cuando necesité consuelo, por fin fui yo capaz de abrazarla y bañarla con mi amor, mientras ella continuaba con su propio trabajo interno de dejar atrás su forma física. Este recuerdo es el que regresa a mí cuando pienso en el término "nido para la muerte", ese espacio de máxima seguridad y sacralidad donde la vida puede disolverse en amor puro.

Mientras te preparas para leer este libro, recuerda comenzar donde te encuentres. Si la muerte es extraña para ti, comienza por absorber gradualmente la información contenida en estas páginas; permite que esta sabiduría entre en tu consciencia y luego disponte a convivir con tu propia incomodidad al lidiar con los aspectos desconocidos y temibles de la muerte. Quizá descubras que algo ancestral despierta en las profundidades de ti, una parte tuya que siempre ha estado presente y reconoce el lugar legítimo de la muerte dentro de esta vida. Si estás atendiendo a un ser amado próximo a morir, podrías descubrir, como yo, que eres instintivamente capaz de hacer lo que sea necesario en el momento. Permite que este libro te dé el poder de estar presente para aquellos que te necesitan mientras realizan su viaje final; permite que te prepare para tu propia última gran transformación a través de una vida plenamente consciente de la existencia de la muerte por el resto de tus días.

La doctora Karen Wyatt es autora del superventas *7 Lessons for Living from the Dying*, libro que contiene historias de pacientes a quienes atendió como médica de hospicio y las lecciones espirituales que aprendió de ellos al final de sus vidas. La doctora Wyatt también conduce el pódcast *End-of-Life University*, que presenta conversaciones con expertos que trabajan en todos los aspectos del cuidado al final de la vida. Es ampliamente reconocida como líder de pensamiento en el esfuerzo de transformar la manera como cuidamos a nuestros agonizantes en Estados Unidos.

Una introducción para crear un nido de paz para la muerte

Este es un buen momento para notar tu respiración.
Inhala y exhala, inhala y exhala...

Crear un nido de paz para la muerte significa preparar el espacio para alguien que está por morir, tal como prepararíamos un nido para alguien que está a punto de dar a luz. Algunas mujeres empiezan a "anidar" antes de menstruar o durante el embarazo como preparación para el alumbramiento. Una vez que el ambiente se siente seguro, ordenado y listo, se abre un espacio para que comience el trabajo interno y suceda el desprendimiento.

Cuando analizamos la construcción de un nido vemos que es muy similar en cuanto a los cuidados que debemos tomar para abrir paso a la muerte. Los gruesos trozos externos de paja y lodo forman la coraza protectora, mientras que los suaves y finos materiales internos acogen a los pollitos. Esto es semejante al útero de los mamíferos y a las cunas donde colocamos a nuestros bebés. Entre los humanos y en la naturaleza, todos preparamos espacios sagrados para actos sagrados. Así como preparamos espacios seguros y cómodos para los nacimientos, también debemos crear espacios seguros y cómodos para morir.

Además del espacio físico que debemos preparar para la muerte, cada uno de nosotros prepara sus propios nidos para la muerte en nuestras vidas cotidianas. Cómo vivimos, dónde habitamos, con quiénes interactuamos, cómo cuidamos de nosotros mismos y de los demás, si tenemos pareja o no, si tenemos hijos o no. Todo lo anterior y los desafíos económicos, culturales, raciales y sociales tienen una función en nuestra muerte. Ya sea que nuestras muertes sean súbitas, inesperadas o prolongadas, la historia de cómo impactan nuestro mundo y el de los demás será determinada por cómo vivimos. Las manera en la que nuestras comunidades nos apoyen (o se alejen) en nuestro proceso de muerte, así como la forma en que se apoyen o no entre sí cuando dejemos este mundo está directamente influenciadas por nuestra manera de vivir la vida.

El tiempo que dedico ahora a contemplar y hacer arreglos para mi muerte (mientras no estoy aún en la agonía emocional de estar muriendo) sin duda será de gran ayuda para mi propio futuro o, cuando menos, el de aquellos que me aman. Por ejemplo, he escrito cartas de amor para mis hijos con regularidad desde que nacieron. Les he expresado lo orgullosa que estoy de ellos y les he pedido que por favor sean tiernos y amorosos con ellos mismos y con los demás y que corran riesgos saludables. Todos los días intento decirles "Gracias" con tanta frecuencia como me es posible y "Lo siento" cuando he lastimado a alguien o a algo. Incluso si aún estoy enfadada con la persona, le digo: "Sigo enojada contigo ahora mismo, pero te quiero mucho". Así, si mi muerte es súbita, "tengo cubiertas mis bases" para poder desprenderme sin miedo o apegos. Y si tengo una muerte lenta, tendré menos arrepentimientos, disculpas o preocupaciones. Por tanto, seré capaz de volcarme hacia adentro más fácilmente para consolarme a mí misma para mi gran liberación.

Me preocupa que muchas personas recién interesadas en la muerte y el morir piensen que entregar poderes legales y colocar sus preferencias funerarias y disposiciones en una lista es progresar en la concientización de su mortalidad. Aunque todo lo anterior puede ser útil, he visto también a seres queridos en apuros después de una muerte, cuando los requerimientos son muy elaborados, difíciles o imposibles de cumplir. Sí, pon tus asuntos en orden y enlista tus preferencias para los cuidados médicos y *post mortem*, pero siempre termina con algo como: "Gracias por tu esfuerzo, incluso si no puedes cumplir estos deseos".

Crear un nido para la muerte depende de cómo vives tu vida ahora, pues sin duda será un reto mayor lograr una "buena muerte" si no has vivido una "buena vida". Tendemos a refugiarnos en el dinero, las relaciones, la salud, las cosas que ofrecen certeza o seguridad, pero ninguno de esos son consuelos para el moribundo. Involucrarse en la muerte a lo largo de la vida, bien sea estudiando la muerte y los moribundos, cuidando o trabajando como voluntario con ellos, te ayudará a preparar tu mente y a informarte sobre los aspectos prácticos y espirituales para el momento de tu propia muerte. Una buena vida puede consistir simplemente en reconocer activamente y disfrutar de cosas como ver a los animales moverse en su hábitat, escuchar los sonidos de la naturaleza, ser capaces de servirnos un vaso de agua con facilidad o darnos cuenta de que nuestro corazón late con regularidad, como debería. A veces, ese tipo de profundidades sencillas solo se aprecian plenamente después de trabajar con los moribundos.

Anidar la muerte es como vives tu vida ahora. En lugar de planear cada mínimo detalle de tu funeral (aunque pueda ser muy divertido), vive de manera que la gente te recuerde, cuando hayas partido, como un ser humano gentil, valioso, fuerte en la vulnerabilidad y generoso hacia ti mismo y hacia los demás. Habla sobre la muerte y el proceso de morir para que así, cuando llegue tu momento, tus amigos, familiares, comunidad y compañeros de trabajo sepan que es totalmente aceptable hablar entre ellos acerca de sus sentimientos después de que tú hayas partido. Al vivir tu vida aceptando tu muerte, estás dando permiso a los demás para hacer lo mismo.

A medida que lees estas páginas encontrarás recordatorios de tu propia mortalidad. De esta manera preparas un nido para la consciencia y la apreciación de tu preciosa vida, mientras también te involucras de manera empática para poder trabajar con claridad y humildad con la persona que está muriendo.

Comencemos con una práctica de consciencia plena sobre la gentileza; la necesitarás a medida que lees este libro y cuando trabajes con una persona en proceso de morir. Recomiendo convertir esta práctica de consciencia plena en una parte regular de tu rutina en la vida, una parte de tu propia anidación para la muerte. Es probable que te sientas triste al realizar este ejercicio. Eso está bien. Ámate a ti mismo a través de tu tristeza.

Pueden enseñarte a ser gentil con los demás, pero solo puedes ser verdadera, genuina y profundamente gentil con otras personas cuando eres verdadera, genuina y profundamente gentil contigo mismo. Esto no significa que seas perezoso en tu amabilidad o que te fastidies o que te vuelvas pasivo en un estado perpetuo de gentil amabilidad y aceptación. Por el contrario, debes ser intencionalmente generoso en tu amabilidad, con plena atención de ello. Con el tiempo, después de practicar esta amabilidad contigo mismo y con los demás, verás que te resulta casi innato. Descubrirás que experimentas menos "fatiga de compasión" si ejercitas la siguiente práctica de consciencia plena esencial (encontrarás más detalles acerca de prácticas de consciencia plena a lo largo del libro).

⁂

PRÁCTICA DE CONSCIENCIA PLENA
Meditación para anidar la muerte

Toma asiento en una posición cómoda, de preferencia con la espalda recta. Es mejor que permanezcas erguido para no quedarte dormido, pero también debes sentirte cómodo. Encuentra el equilibrio entre la relajación y el estado de alerta. Imagina que tus huesos isquiones están enraizados en la tierra y que un delgado hilo invisible te jala desde la parte superior de la cabeza y se extiende hacia arriba, a través de la atmósfera y hasta lo desconocido.

Comienza por visualizarte a ti mismo como un bebé recién nacido. Todas las sensaciones terrenales son nuevas: las luces son abrumadoras, los sonidos son tremendos, los aromas son desconocidos, los sabores son sorprendentes. Incluso tus extremidades que se mueven a tu alrededor son asombrosas. A partir de ese momento, cada uno de nosotros inicia un camino muy diferente. ¿Cuál fue tu camino? ¿Fuiste bienvenido en los brazos de tu madre? ¿Alguna otra persona cuidó de ti? ¿Cómo se desarrollaron tus años de vida?

A medida que avanzas en este sendero de tu historia, siente enorme amor, gentileza y compasión por ti mismo. En muchos sentidos, incluso como adulto, sigues siendo un niño en la tierra. Con el uso de tu imaginación, sostente a ti mismo, el recién nacido, en la palma ahuecada de tu mano. Coloca la palma ahuecada de tu otra mano encima, de manera que contengas esta imagen de ti mismo, acabado de nacer, a salvo en un amoroso nido formado por tus sabias y gentiles manos.

Colócate en este mismo nido de amor a través de la niñez, la adolescencia y la edad adulta. Acúnate en esta suave amabilidad a través de todos los desafíos de tu vida y comprende que tu existencia es una historia. Tu vida entera es una historia por la cual puedes sentir un inmenso amor compasivo, incluso en tus errores, incluso a pesar de las crueldades que hayas infligido. Tienes que saber que eres esencialmente bueno; enfrentas desafíos, al igual que todos los demás en este mundo. Tienes tristezas, temores, decepciones y traumas (visibles o invisibles), como el resto de la gente.

Acúnate con amabilidad, con gentileza; ofrece esta misma generosidad a quienes te rodean. Con el tiempo serás capaz de realizar esta práctica para tu comunidad, tu país y el planeta entero.

❧❧❧

Acerca de este libro

*H*e escrito este libro con un modelo de atención de persona a persona, cuidador/receptor, en mente, pero lo ideal es que toda la comunidad pueda participar. Las frases "tu ser querido", "la persona que está muriendo" y otras similares se utilizan de forma indistinta para reducir la redundancia.

Comenzaremos con directrices avanzadas, ceremonia y explicaciones sobre el nido exterior, el nido interior, el nido secreto y cómo preparar el ambiente para la persona que está muriendo. Los siguientes segmentos te guiarán a través de los sentidos durante el proceso de morir y lo que hace el cuerpo físico durante el proceso de muerte. A continuación, reconoceremos las incómodas circunstancias que pueden surgir con las complicadas dinámicas familiares y la dificultad de tomar decisiones. Hacia el final del libro hay un segmento acerca de cómo hablar a los niños acerca de la muerte y el morir. Finalizaremos con lo que ocurre después de último aliento y algunas ideas sobre vivir en duelo.

El cuidado descrito en este libro incorpora técnicas tanto de doula ancestral y moderna del final de la vida y pueden ser implementadas por cualquier persona que tenga la intención de cuidar a otra. No necesitas un título específico para brindar servicios de cuidador a otra persona mientras muere; solo la voluntad de acompañar física, emocional y mentalmente (y tal vez espiritualmente) a un individuo que atraviesa este proceso. Hay referencias ocasionales a lo que es ser una doula de final de la vida, si tú te consideras una. Un apéndice al final del libro proporciona más información sobre el trabajo de una doula del final de la vida, e incluye una revisión de la clasificación de lo que yo llamo *doula ancestral del final de la vida* y *doula moderna del final de la vida*. En resumen, la primera es quien ha aprendido a través de la experiencia práctica y el ejemplo de la familia o comunidad. Una doula moderna del final de la vida es aquella que ha tomado un curso formal y que, si bien puede estar bien informada, puede no tener ninguna experiencia de cuidado.

- **Doula ancestral del final de la vida** es un individuo que no cuenta con capacitación formal como doula del final de la vida, pero tiene experiencias básicas de cuidar de forma íntima a una persona que está en proceso de morir. También puede incluir prácticas más espirituales, sanadoras o ancestrales en su régimen de atención para la muerte. (No considero que una persona que simplemente esté *interesada* en este tema pueda catalogarse como doula ancestral, aunque, una remembranza celular es un buen inicio).

- **Doula moderna del final de la vida** es un individuo que ha cursado una o más certificaciones como doula para la muerte; puede estar más enfocado en términos profesionales y conocer mejor las demandas modernas del proceso de morir y la muerte en sí misma.

. . . .

Nota: Debes saber que existe una gran diferencia entre ser cuidador o doula del final de la vida voluntario y ser un cuidador o doula del final de la vida que percibe una remuneración (sin importar si la persona que está muriendo es miembro de la familia). Siempre que se pague una tarifa, pueden surgir problemas legales. Este libro es solo una guía para cuidar a quienes están muriendo e incluye relatos de mi propia experiencia. De ninguna manera pretendo que se utilice como guía médica, legal, terapéutica o funeraria. Cada estado, provincia y país tiene sus propias leyes y es tu responsabilidad realizar las diligencias pertinentes para investigar y cumplir esas regulaciones.

. . . .

Dado que gran parte de mis conocimientos se basan en la experiencia, con frecuencia agrego anécdotas para ofrecer una imagen más clara o para sustentar las sugerencias de cuidado. Todo el contenido de este libro se basa en mis propias experiencias y trabajo.

Escribo desde la perspectiva de una mujer caucásica de ascendencia predominantemente europea y reconozco que mi experiencia está influenciada por esta realidad. Sin embargo, soy sensible y he viajado; me doy cuenta de que es probable que existan numerosas perspectivas culturales alrededor de este trabajo. He elegido enfocarme en lo que considero universal.

La mayor parte de este libro se refiere a cómo relacionarse de forma directa con el cuerpo, más allá de la abundancia de suposiciones culturales implícitas que acompañan a la muerte y al proceso de morir alrededor del mundo. Una persona que atiende a alguien que está muriendo en Nueva Guinea, Perú o Siberia tendrá ciertas creencias acerca del proceso, pero todos los seres humanos tendrán un ritmo cardiaco errático o lucharán con su respiración durante sus últimos momentos en esta tierra.

Estoy consciente de que el tipo de muerte considerado en este libro es bastante privilegiado. Muchas personas en nuestro planeta no recibirán este tipo de atención considerada y amorosa. Muchos individuos mueren en entornos arrasados por la guerra, como refugiados ambientales o políticos, en manos de racistas, sin medicamentos disponibles para el dolor, adictos, aislados o desalojados, sin una mano que los sostenga o sin que nadie note que han partido. Esta puede no ser mi realidad cotidiana ni la tuya, pero no debemos ser inmunes a esta devastación. El último deseo de una mujer a quien cuidé fue que, cuando laváramos y vistiéramos su cuerpo muerto, mantuviéramos en nuestros corazones a los refugiados que nunca recibirían ese tipo de atenciones. Ella no le dio ese nombre, pero en mi tradición budista lo llamamos "dedicación del mérito". Mientras nos dedicamos a una actividad que podría considerarse afortunada, expandimos nuestro amor, gentileza y generosidad a todos los seres que necesitan ser liberados del sufrimiento. Físicamente no podemos cuidar a cada ser en este planeta, pero podemos traer a los demás a nuestra consciencia mientras hacemos un esfuerzo por mejorar nuestro mundo donde y cuando podamos.

Por favor considera al ser humano integral, tal como es, al implementar el cuidado. Hay muchas ideas holísticas y enriquecedoras en este libro, pero no todas las personas se sentirán cómodas con estas estrategias. Toma en consideración la cultura, la etnicidad, la raza, la clase, el sexo y la identidad de género del individuo a quien brindas cuidados, sin hacer juicios o suposiciones. Esto tiene particular importancia si no conoces muy bien a la persona que atiendes. Esfuérzate por averiguar cómo vivió. Respeta sus necesidades, su historia, las decisiones que tomó en vida e intenta no imponer tus propios ideales a esa persona a través del proceso de morir o después de su fallecimiento.

Por ejemplo, un individuo que está acostumbrado a un ambiente modesto podría no sentirse cómodo mudándose a un escenario lujoso. Puede parecer una manera maravillosa de "atender" a una persona al final de sus días, pero quizá le cause incomodidad. En ocasiones, la atención para la muerte en casa implica mudarse al hogar de otras personas, como los ancianos que se van a vivir con sus hijos o adultos en fase terminal que se mudan con sus padres. Estas mudanzas son difíciles para todos.

Este libro se enfoca el cuidado íntimo, en ideas para expresar gentileza, breves descripciones y motivación para ti, el cuidador o doula. Ofrece pequeños vistazos al mundo del proceso no médico de morir y de la muerte. Incluye prácticas como reiki, guía espiritual, conocimientos ancestrales, herbolaria, ceremonias, magia y maneras de reconocer los elementos y el flujo de la naturaleza en el proceso de morir. También cubre técnicas prácticas para cuidados físicos.

A medida que lees, por favor considera todo el ecosistema del proceso de morir, los seres vivos y los apoyos no vivos en y alrededor del ambiente para morir, además de cómo interactúan entre sí. Mira diferentes situaciones desde distintas perspectivas, usa distintos lentes para implementar diferentes tipos de cuidado si algo no fluye con facilidad. Los apoyos herbales, los consejos de cuidado y las prácticas de consciencia plena pretenden ser útiles y no causar estrés adicional. Si algo no se adapta bien a tu situación o es demasiado complejo, simplemente elimínalo de tu caja de herramientas o de tu rutina y continúa. El objetivo es producir resultados consoladores.

Harás lo mejor que puedas y la situación se desarrollará como deba hacerlo. Si pudiéramos morir una vez como prueba y luego hacerlo de nuevo, después de algún tiempo de reflexión nos convertiríamos en expertos. Qué lástima que no tengamos un ensayo con vestuario, sino solo una actuación final y una salida.

APOYO HERBAL PARA ESTE LIBRO

A lo largo de este libro, mi amiga Sandra Lory/Lazorcak, talentosa herborista y cuidadora, ha agregado información acerca de apoyo herbal para quien está muriendo y también para el cuidador. Sandra creció en Vermont, pero nació en Chennai, India, y heredó su don con las hierbas de su abuela materna, quien era herborista en Goa. Sandra ha cuidado a sus padres en sus enfermedades y envejecimiento y ha trabajado en numerosos proyectos de medicina tradicional y ancestral, alivio en desastres a través de la herboristería y alimentos como medicina en la India, Haití, Palestina, Venezuela, México, Puerto Rico y Estados Unidos.

El mundo de la sanación y el cuidado herbal es inmenso. Notarás que, si bien las hierbas desempeñan una función sanadora en estas páginas, estas se utilizan para calmar, apoyar y amar sin intentar reparar al cuerpo físico o imitar medicamentos alópatas. Mucha sanación puede transpirar a través del proceso de morir y nosotros, como cuidadores, podemos ofrecer un espacio de sanación a la vez que nutrimos el espíritu de la persona que está muriendo, a medida que transita al final de esta vida. Los apoyos herbales son maravillosas "comadronas" que nos asisten en la transición y pueden inspirar creatividad y maneras de trabajar con la naturaleza al morir. Ten presente que no todas las hierbas están disponibles y que algunos aceites esenciales pueden ser costosos. Siempre que sea posible, lo mejor es utilizar plantas locales (en un área sin sustancias químicas). Confirma si la persona que está muriendo tiene alergias antes de implementar cuidados herbales y siempre verifica con un médico.

❧

PRÁCTICAS DE CONSCIENCIA PLENA

En algunos capítulos agrego una práctica de consciencia plena que puedes realizar. La consciencia plena es otra manera de nombrar la meditación que se inclina hacia un estado "activo". Por ejemplo, sugiero una práctica de consciencia plena para lavarte las manos. Esto significa que te enfoques en el momento de lavarte las manos, en lugar de lavártelas mientras piensas en todas las demás tareas que tienes que hacer. Sugiero estas prácticas para que te conectes con lo que estás haciendo en ese instante y para apoyar tu bienestar general (a veces, cuidar a una persona que está muriendo puede ser difícil).

Quizá descubras la utilidad de la práctica diaria de consciencia plena, o quizá descubras que una vez por semana es suficiente. Es posible también que en los momentos más difíciles desees practicarla varias veces al día. Sin embargo, recuerda ser gentil contigo mismo en términos de la frecuencia con la que creas que debes realizar estas prácticas. Si descubres que en verdad disfrutas la consciencia plena o la meditación, tal vez desees participar en un retiro extendido algún día.

Por supuesto que no es indispensable llevar a cabo las prácticas de consciencia plena, pero quizás encuentres alguna que sea adecuada para ti. Si eliges solo una, te sugiero la práctica de consciencia plena esencial sobre anidar la muerte llamada "Meditación para anidar la muerte" en la introducción.

REFERENCIAS DE LUGARES ALTERNATIVOS

No todos morimos en el lugar que planeamos. Aunque este libro se enfoca en cuidado en cama y en casa, encontrarás sugerencias para incorporar el cuidado holístico en otros ambientes en los que puedas encontrarte.

DESAFÍOS DE CUIDAR
A TUS PROPIOS SERES QUERIDOS

La idea de cuidar a un ser querido que está muriendo en su casa o en la tuya puede ser intimidante. En algunas ocasiones, tal vez no sea posible. Aunque morir en casa era la única opción real para las familias antes del boom hospitalario de los años veinte en Estados

Unidos, cuando los milagros modernos de la medicina (los antibió-ticos) se generalizaron, las familias empezaron a confiar a sus seres queridos al cuidado hospitalario. Con el paso de las décadas, los hospitales se convirtieron en el lugar de fallecimiento más frecuente en los Estados Unidos hasta que se produjo una disminución durante los últimos 15 años, en los que más estadounidenses han muerto en el hogar. Un informe de los Centros para el Control y la Prevención de Enfermedades (CDC, por sus siglas en inglés) de 2020 afirma que alrededor del 31% de las personas mueren ahora en casa*. Aunque la gran mayoría de los estadounidenses dice que prefiere morir en casa, formar parte de ese 31% no necesariamente se correlaciona con recibir una mejor atención, ya que esto depende en gran medida de las circunstancias. Sin embargo, con el aumento de la educación y la toma de conciencia en nuestra cultura sobre la muerte, los moribundos y los cuidados al final de la vida, tal vez más personas deseen y sean capaces de atender a sus familiares o amigos en proceso de morir.

Algunas regiones en Estados Unidos que son tan abrumadora-mente pobres o primordialmente afroamericanas o de otras mino-rías raciales o étnicas enfrentan grandes desafíos en lo que se refiere a la atención al final de la muerte. En particular, la escritora, his-toriadora y doctora Cynthia Greenlee dice: "Las comunidades de color están rezagadas en el acceso a la atención al final de la vida, por creencias culturales, experiencia y un bien fundado temor al racismo en los establecimientos médicos, la falta de seguro o de recursos financieros o ideas erróneas acerca de lo que está dispo-nible"**. En resumen, necesitamos más gente buena que trabaje en comunidad para cuidarse entre sí.

---

*"QuickStats: Porcentaje de muertes, por lugar de muerte—Sistema Nacional de Estadísticas Vitales, Estados Unidos, 2000-2018". Informe Semanal de Morbilidad y Mortalidad 69, no. 19 (2020): 611.

**Greenlee, Cynthia. "Cómo las doulas de muerte facilitan la transición final". *Yes!* (Otoño de 2019: El tema de la muerte).

Espero que nuestra sociedad comience a valorar la atención al final de la vida y realice ajustes sociales, políticos, financieros y educativos, incluso capacitación sobre sensibilidad racial y cultural para que esta sea una posibilidad mayor para más individuos.

ETAPAS Y NIVEL DE ATENCIÓN

Hay varias consideraciones para tener presentes, que dependen de la etapa de agonía y el grado de movilidad del individuo. Cuidar a un ser querido que aún puede moverse y utilizar el baño puede requerir el apoyo de más de un cuidador, pues los traslados al sanitario o desde la cama hasta su sillón favorito pueden ser físicamente demandantes. Este libro se enfoca en cuidado en postración en cama, con pocos o ningún traslado al baño o a cualquier otro sitio. Aunque nos enfocamos principalmente en atención al proceso de morir en casa y sin mucha asistencia de personal profesional, aceptar el apoyo de una institución de asistencia a veces puede ser lo que "ayude o arruine" la capacidad de cuidar a tu ser querido en casa.

Otra consideración es el estado mental de tu familiar. Si está combativo o errante por las noches, es probable que necesites ayuda para que tú, el cuidador, puedas dormir lo suficiente y evites el exceso de preocupaciones y el agotamiento físico. En el capítulo 5 se discuten los temores, las agitaciones y las sugerencias generales para el cuidado.

Si la persona a quien cuidas ha creado un plan para su muerte, ha dado cuidadosas instrucciones anticipadas o ha redactado su testamento ético, úsalos como guía mientras preparas el nido. Su plan te ayudará a crear un ambiente, una atmósfera y un modelo de cuidado que será más tranquilizador para él o ella.

Si tu ser querido puede hablar, puedes pedirle que guíe estos preparativos. Si no es capaz de comunicarse o solo lo logra un poco, busca señales de comodidad o incomodidad y realiza los ajustes necesarios. Según la etapa en la que se encuentre, puede

notar muy poco o nada el espacio o tus esfuerzos. No te desani-
mes. Su proceso interno de morir no tiene nada que ver contigo.
Simplemente está llevando su energía hacia su interior mientras se
consuela a sí mismo.

Toma nota de tus esfuerzos. El trabajo que estás haciendo, aunque parezca inquietante, confuso o agotador, es el trabajo que hace
preciosa a la vida. Cuidar a los que están por morir tiene todos los
ingredientes para crear movimiento hacia la expansión de tu aprecio por la vida, pero necesitas la cantidad adecuada de cada esfuerzo.
Demasiada preocupación te causará un exceso de estrés. Sin suficiente sueño puedes sufrir desequilibrios mentales y emocionales.
Lleva un diario de lo que haces, para que, si la situación se vuelve
confusa o demasiado estresante para ti, un amigo pueda revisar tus
esfuerzos, descubrir dónde puede estar el desequilibrio y ayudarte a
implementar un remedio para tu malestar como cuidador. Al final
de este libro encontrarás sugerencias para autocuidado y para vivir
en duelo.

SI EN ESTE MOMENTO NO ESTÁS CUIDANDO A ALGUIEN EN PROCESO DE MORIR

Si en este momento no estás cuidando a alguien, pero sientes
curiosidad o estás buscando información, evalúa la posibilidad de
redactar tus directivas anticipadas a medida que lees este libro.
Existen indicaciones anticipadas muy concretas que puedes descar-
gar en línea o que puedes obtener en el consultorio de tu médico.
Este libro también menciona ideas para testamentos éticos y estrategias de atención detalladas que pueden agregarse al formato
básico. Asegúrate de incluir información miscelánea pero importante, como contraseñas para cuentas bancarias en línea y de redes
sociales. Considera resguardar estos datos en una caja de seguridad
o en algún otro sitio seguro.

Al hacer planes para el fin de la vida, es buena idea agregar detalles de tus disposiciones finales. Contemplar tus opciones puede ser una actividad familiar (si logras que todos participen), ¡incluso una entretenida cita nocturna! Quizá te divierta descubrir la variedad de posibilidades, como un sepelio verde o natural, entierro en casa, composta humana, hidrólisis alcalina y cremación al aire libre (pira). ¿Cuáles opciones son legales y están disponibles en tu área? ¿Cuáles todavía no son legales, pero podrían serlo pronto?

Una mujer de mi ciudad sabe que desea ser cremada. Su familia rio cuando ella expresó su deseo de que sus cenizas se dividiesen entre los saleros y pimenteros antiguos de su madre. La colección antigua de su madre fallecida es muy preciada para ella y quiere asegurarse de que cada uno de sus seres queridos conserve una porción de sus restos. ¿Qué mejor manera de hacerlo que dar a todos un lindo recipiente de la abuela? "Solo rocíenme aquí y allá, donde prefieran", dice.

Si no has participado en algún entrenamiento voluntario en instituciones de asistencia, lo recomiendo ampliamente. La capacitación es útil en sí misma y el voluntariado puede ser muy gratificante, incluso transformador para tu vida. Resulta útil familiarizarte con el proceso de la muerte mientras te encuentras bajo una protección profesional como la de una institución de asistencia, donde te sientes apoyado en tus esfuerzos. Es una manera genial de adquirir experiencia en el cuidado de las personas que están muriendo y de aprender cómo es cada hogar. No hay nada como entrar a una casa que se siente cómoda para la persona que está allí, pero que huele, suena y se siente completamente extraña para ti (aunque se trate de la de tu vecino) y el único trabajo que te corresponde es ser gentil, abierto, útil y no juzgar.

Uno de los últimos deseos más tiernos en los que he participado como voluntaria de una institución de asistencia fue llevar una canasta con gatitos a una mujer que estaba muriendo. Familiarizarte con la muerte de maneras gentiles como esta puede ayudarte a abrir senderos a través del campo, para que cuando sea tu turno de cuidar a alguien que amas, cuando menos puedas contemplar las huellas de tus experiencias previas.

Deseo que este libro te ofrezca motivación para cuidar tu propio proceso de morir, te envuelva en pensamientos consoladores acerca de tu propia muerte y te ayude a preparar el nido para ti y los demás, y que tengamos un mundo mejor que se ajuste a tus amorosas iniciativas.

1

Más allá de directivas anticipadas

El amor en su forma plena es una serie de muertes y renacimientos.

Clarissa Pinkola Estés

*U*na directiva anticipada o testamento vital es un documento que completas para definir el tipo de atención médica que te gustaría recibir junto con los contactos de emergencia, las preferencias al final de la vida y, a veces, tus valores y tu elección de disposición. Esta es información útil para tus familiares y médicos, y tal vez para tus amigos y familiares, en el caso de que ya no puedas comunicarte por ti mismo. Como nos dicen a menudo, también puede ser la mejor manera de no ser una carga para tus seres queridos, para que no tengan que adivinar cuáles podrían ser tus preferencias al final de la vida. Trabajar en tu propia directiva anticipada junto con la lectura de este libro podría resultarte muy útil. Ten en cuenta que cada estado y provincia tiene sus propias regulaciones con respecto al uso de directivas anticipadas y testamentos vitales; consulta con tu médico.

. . . .

Terminología explicada

Los términos *directiva anticipada* y *testamento vital* a veces se usan indistintamente. Sin embargo, existen algunas diferencias, aunque ambos documentos se refieren a la atención médica.

Testamento vital (testamento en vida)

Un testamento vital es un documento que creas con respecto al tipo de atención al final de la vida que preferirías. Esto incluirá aspectos como tratamientos médicos: durante cuánto tiempo y de qué manera deseas prolongar tu vida, si es posible.

Directiva anticipada

Una directiva anticipada es un poco más general y cubre los momentos en los que es posible que no puedas defenderte por ti mismo. No es solo para quienes tienen un diagnóstico terminal o se acercan al final de tu vida. Las directivas anticipadas pueden ser completadas por personas jóvenes y sanas que deseen nombrar a su persona de contacto principal en caso de una emergencia como un derrame cerebral o un accidente automovilístico.

Órdenes médicas

Una orden de no resucitar, o ONR, significa que los profesionales médicos no deben reanimarte si mueres. Esto no es parte del documento del testamento vital. Es independiente y es una orden que solo un médico puede aprobar. Los médicos también crean órdenes como la de no intubar (DNI), que prohíbe a los profesionales de la salud prolongar una vida mediante la intubación. Hay órdenes más completas disponibles para quienes han sido diagnosticados con una enfermedad grave. Estos reciben diferentes nombres, incluyendo orden portátil para tratamiento de soporte vital (POLST, siglas en inglés), orden médica para tratamiento de soporte vital (MOLST, siglas en inglés) y órdenes médicas transportables según las preferencias del paciente (TPOPP, siglas en inglés). Programa una cita con tu médico para obtener más información.

Poder médico

Al crear una directiva anticipada o un testamento vital, se designa un poder notarial médico (MPOA, siglas en inglés), a veces llamado agente o apoderado médico o POA de atención médica. Debe ser alguien en quien confíes para que tome las decisiones correctas por ti. Si la persona que deseas designar no sería considerada el pariente más cercano (como cónyuge, padre o hijo adulto), es importante que documentes claramente esta proclamación y alertes a las partes necesarias para que no haya confusión en medio de una emergencia. ¡Este puede ser un trabajo muy delicado! Habla con tu médico, amigos y familiares y considera quién sería la mejor persona para actuar como tu MPOA. El mejor poder médico para ti no es necesariamente el de tu familiar más cercano. Un MPOA puede tener algunos de los siguientes atributos:

- Puede permanecer lúcido al recibir noticias delicadas.

- Se encuentra en tu misma zona horaria o contestará el teléfono a cualquier hora.

- Contesta el teléfono: tiene un teléfono celular y/o siempre está al lado del teléfono.

- Habla tu mismo idioma o puede traducir si es necesario.

- Tiene transporte confiable o un medio para viajar fácilmente.

- Es capaz de comunicarse eficazmente y defender tus deseos si es necesario.

Voluntad ética

Un testamento ético, a veces denominado trabajo de legado o carta de legado, es una hermosa manera de compartir con tus seres queridos las cosas que amas o las cosas que te hacen ser tú en tu vida. Este es un documento o carta que contiene tus pensamientos, deseos y aspiraciones. Puede contener recetas favoritas, chistes o historias divertidas, clima y aromas favoritos. Puede compartir tus arrepentimientos, las pérdidas que has experimentado, los momentos de grandes dificultades y cómo te las arreglaste. Este documento puede ser el mismo o estar separado de tu disposición (o lugar de descanso final) y preferencias funerarias. Los testamentos éticos pueden ser tesoros que se transmiten de generación en generación y mantienen vivo tu nombre mucho después de haber partido de la tierra.

. . . .

Los factores y circunstancias que rodean la preparación para cada muerte son tan variados y únicos como cada vida. Para las personas que han reclamado su identidad de género por encima del sexo asignado al nacer, unas directivas anticipadas claras son importantes para expresar cómo les gustaría que cuidaran su cuerpo y qué pronombres utilizar durante el proceso de muerte, hasta el texto de su lápida. También es importante el apoyo de cuidadores y directores de funerarias respetuosos.

Ten en cuenta que las directivas anticipadas no siempre se siguen en situaciones de emergencia y, a veces, lo que has enumerado como preferencia puede no ser posible, según el escenario. La mejor manera de asegurarte de que se cumplan tus directivas anticipadas es actualizarlas periódicamente para reflejar tu estado de salud actual. Asegúrate de fecharlo, firmarlo y reemplazar las copias antiguas con la versión actualizada para que no haya confusión. Por lo general, tu médico de cabecera debe tener una copia, junto con su(s) agente(s) médico(s) y, por supuesto, deberás conservar una. Haz una lista de a quién le has entregado una copia para que todos reciban las actualizaciones más recientes.

Mientras cuidabas a tu ser querido, es posible que te hayas encontrado con sus directivas anticipadas o puedes preguntar si tiene una. Este es un muy buen punto de partida a la hora de empezar a determinar qué tipo de atención le gustaría recibir a tu ser querido y cómo construir su nido a su gusto. Asegúrate de anotar la fecha en que se redactó la directiva y consulta con tu ser querido sobre los detalles, si es posible, ya que las preferencias pueden haber cambiado con el tiempo o las circunstancias.

TOMA DE NOTAS

A medida que cuidas a los moribundos, comenzarás a categorizar las cosas que les gustan y las que no les gustan de la situación dada. La persona a quien estás cuidando puede estar recibiendo más medicamentos de los que quisieras durante su proceso de muerte; o puedes notar que el nivel de actividad en la sala es de un grado que personalmente te resulta perturbador. Si bien el tiempo que dedicas a cuidar a los moribundos se centra en sus sentimientos, preferencias y estilo de vida, puede resultar útil, cuando tengas tiempo libre, tomar notas sobre tus preferencias personales. Estos pueden incorporarse en un testamento ético o vital, separado de las formalidades más médicas de una directiva anticipada emitida por el estado.

Incluso si actualmente no estás cuidando a alguien que está muriendo, puede sentirse bien trabajar en una directiva anticipada con amigos y familiares, y así ayudar a todos a comprender que el momento de tu muerte también llegará algún día. Esta puede ser una actividad grupal íntima, una oportunidad para compartir referencias e historias. Quizás sientas que cuidar a los moribundos (o incluso pensar en morir) es un asunto muy serio, pero algunas de mis mejores risas han sido con los moribundos o con sus cuidadores mientras compartimos historias y nos compadecemos durante un momento tan tenso. Recomiendo encarecidamente que, si es posible, te rías un poco a carcajadas. También puede resultar agradable liberar lágrimas psíquicas de alegría, no solo de tristeza.

Si trabajas solo en sus directivas anticipadas, hazlo con cuidado. No es sencillo que te pregunten cuál es tu número de seguro social en una página y si quieres o no una sonda de alimentación en la página siguiente. Recomiendo hacer la meditación de anidar al morir (página 4) mientras realizas este tipo de trabajo sensible. Si tienes preguntas específicas sobre tus directivas anticipadas, puedes programar una cita con un médico o abogado para hacer esas preguntas. Ten en cuenta que las directivas anticipadas varían mucho en cada estado y provincia; no son todas iguales. Encuentra la(las) apropiada(s) para tu región. Un testamento vital o una directiva anticipada también pueden ser parte de tu planificación patrimonial (comunícate con un profesional financiero para ese trabajo) y toda la documentación se puede presentar para que tus seres queridos tengan todo en un solo lugar.

Durante el brote de COVID-19 a principios de 2020, muchos de los que habían completado sus directivas anticipadas repentinamente entraron en pánico. Muchas personas habían declarado en el documento que no deseaban tener una sonda respiratoria o de alimentación. Pero cuando llenaron esos formularios, no anticipaban una pandemia. El caos que se produjo en hospitales y centros de salud de todo el mundo dejó a la gente sintiéndose impotente y muy asustada. Es posible que nunca más se vuelva a ver a los seres queridos que fueron al hospital. No se permitían visitas en absoluto, las personas no podían comunicarse con los pacientes una vez que estaban en el hospital, e incluso después de su muerte (si morían) habría pocas o ninguna posibilidad de ver su cuerpo. Los que estaban en el hospital y sus seres queridos a los que se le había prohibido el acceso al hospital estaban aterrorizados de que pasaran los últimos momentos solos, con dolor, confundidos, tal vez incluso en un pasillo.

Hay que tener en cuenta que en lugares privilegiados esta falta de acceso es en gran medida inaudita, por lo que durante la pandemia resultó traumatizante a gran escala. Sin embargo, morir solo no es infrecuente. La gente muere sola en sus casas por ataques cardíacos y en accidentes automovilísticos al costado de la carretera. La gente muere bajo puentes, en callejones, zonas de guerra y tormentas... sola. Quizás pienses que "sí, pero yo no soy una de esas personas". Pero, en verdad, no podemos elegir nuestra manera de morir. Comprender suavemente la muerte y el morir en todo el mundo puede ayudarnos a estar agradecidos por las opciones de atención y consuelo que tenemos a nuestra disposición.

MUCHO MÁS QUE UN SIMPLE PAPELEO

Mientras lees esto o mientras trabajas en una directiva anticipada, de repente podrías tener miedo de que tu muerte esté más cerca de lo que pensabas, o puedes imaginar cómo sería morir solo. Estos son sentimientos naturales que todos tenemos cuando nos sentamos a completar este trámite. Y si actualmente estás cuidando a un ser querido moribundo, sin duda todo esto ha salido a la superficie.

Pero consuélate. Compartiré contigo un secreto: todos los planes e instrucciones escritas no son la parte más poderosa del trabajo de directivas anticipadas. Algo mágico es posible cuando haces el trabajo de planificar tu muerte, pero es invisible. Si has estado cerca de alguien que está muriendo, comprenderás que suceden muchas más cosas que lo mundano. Es más que papeleo y preferencias de los visitantes. Es más que la iluminación, los sonidos, los olores y tu colcha favorita. Morir es curioso, desconocido, místico y tenemos poca idea de lo que sucede dentro de la mente del que muere. Miremos más allá de las instrucciones de la directiva anticipada y examinemos lo que no está escrito allí.

❧❀❧

PRÁCTICA DE CONSCIENCIA PLENA
Contemplación guiada

Aquí tienes un ejercicio para que pruebes por tu cuenta. Una vez que te sientas cómodo con esta práctica, si estás trabajando con alguien que está muriendo, puedes guiarlo también haciéndole preguntas sobre su "habitación". Sin embargo, recuerda lo que podría parecerte sencillo en tu estado de salud o como el cuidador podría parecerle invasivo o presuntuoso al moribundo. Si crees que el ejercicio sería valioso, siempre puedes preguntar: "¿Te sentiría bien hacer una contemplación guiada por mí para sentirte reconfortado?".

Imagina una habitación de tu casa que está cerrada con llave y nunca has entrado en ella. Llevas la llave en el bolsillo, pero nunca tienes tiempo de abrir esa puerta. O tal vez tienes mucho tiempo para abrirla, pero no estás seguro de lo que encontrarás allí, por lo que crees que es mejor mantenerla cerrada. Quizás algunos días escuches un golpe en esa habitación y tu corazón se acelere. Piensas que tal vez deberías abrir la puerta. Haces una pausa esperando otro golpe, pero cuando no sucede continúas con tu vida y pospones la investigación para otro día. Esto puede durar años, incluso toda la vida.

Un día te encuentras al otro lado de esa puerta, en confusión absoluta. No estás seguro de cómo llegaste allí y piensas: "¿Cómo sucedió esto? ¡No es así como planeé abrir esta puerta!"

Aquí tienes una alternativa: esta noche, cuando te sientas tierno pero valiente, abre esa puerta. Si tus miedos y tu imaginación intentan detenerte, mantente firme, gira la llave en la cerradura y sigue adelante. Cuando entres, te sorprenderás porque no está oscuro ni polvoriento ni da miedo. No hay fantasmas ni telarañas. Nada te salta a la vista. En cambio, es simplemente una habitación normal y corriente. No es ni nuevo ni viejo, ni frío ni caliente, ni claro ni oscuro. De hecho, parece nada más que una posibilidad.

Mirando alrededor de la habitación decides que debería haber una cama y de repente aparece una cama. Te sientas en la cama y esta cruje de una manera familiar. Te acomodas, te das cuenta de que estás en tus propias mantas y dices: "Ah, esta es mi cama".

Mientras estás ahí tumbado, piensas que sería bueno tener una ventana abierta para poder oír los pájaros. Y antes de que puedas parpadear, se abre una ventana. Hay una pequeña brisa cálida, un rayo de luz y la habitación se llena del suave canto de los pájaros. Tú sonríes. Crees que debería haber una sillita allí para que alguien se siente a tu lado y lea en voz alta. Y es así. Te sientes cómodo y tu mente divaga.

Miras las paredes de esta habitación (tu habitación en este reino liminal personal) y piensas que debería haber algunas fotos allí. Piensas en todos tus seres queridos en la tierra. Luego piensas en todos tus seres queridos que murieron antes que ti. Piensas que debería haber fotos de ambos en las paredes porque, después de todo, en este espacio (al igual que al morir) no estás completamente vivo ni completamente muerto. Sonríes ante tu propia inteligencia y al instante las paredes se llenan de fotos de todas las personas que has amado.

Pero aparece uno que te hace dudar. Puaj. ¿De verdad quieres la foto de esa persona en la pared? Tuviste una pelea terrible la semana pasada. Pero te sorprendes, porque en esta habitación notas que tus sentimientos son diferentes. No estás tan enojado. Aquí no tienes tanta prisa. De hecho, no puedes recordar realmente de qué se trató la discusión. Concluyes que te gustaría tener esta foto en la pared. Decides que le gustaría disculparse con esta persona ahora. Decides que realmente quieres decirle a esta persona que la amas.

Ahora has hecho varias cosas. Has planificado tu muerte ideal, no solo los detalles médicos (como si deseas o no una sonda de alimentación, hidratación o antibióticos), sino que, lo que es más importante, has descubierto aspectos de tu vida que marcarán una diferencia en tu lecho de muerte. También encontraste un lugar de consuelo, dentro de tu propia mente, con respecto a tu muerte. Lo sentiste, lo oliste, lo oíste y, como lo imaginaste una vez, ciertamente puedes volver a imaginarlo. No importa dónde estés o con quién estés (o no), tienes el poder de reconstruir ese consuelo en tu propia mente, independientemente de tus circunstancias externas, y una muerte pacífica es posible.

Deja los demás detalles en manos de los vivos. Tienen su propio trabajo que hacer y eso está bien. Tu muerte puede ser absolutamente cualquier cosa que imagines si eres consciente de tus preferencias y deseos mientras vives. Y eso es lo que hace que las directivas anticipadas sean tan importantes, especialmente si eres capaz de mirar y sentir más allá de las preguntas escritas.

2

La preparación del nido

*Mientras más alimentes un sentimiento de amorosa
amabilidad, más feliz y calmado estarás.*

DALÁI LAMA

Idealmente, una comunidad de cuidadores se reuniría para proteger el área donde se encuentra el nido de una persona cercana a morir. Dado que hoy existen muchas figuras que se unen para ofrecer este tipo de cuidado, podría ser útil organizarlo en función de las características y cualidades únicas de cada miembro. A algunos les resulta más sencillo planificar y hacer llamadas, otros prefieren dedicarse a las tareas de la casa o al trabajo ceremonial. En este capítulo revisaremos las distintas formas de crear un ambiente de protección para un ser humano a punto de morir.

FORMACIÓN DE LA CÁSCARA PROTECTORA

En los lugares ceremoniales se establece alguna especie de protección intencional para impedir que el frenético mundo exterior invada el espacio sagrado interno. En la naturaleza, las criaturas emiten una alarma cuando un depredador potencial se acerca a un nido. Los

29

elefantes montan guardia alrededor de aquel que está enfermo o próximo a morir. La muerte es un acto ceremonial sagrado y, si es posible, debemos intentar implementar una barrera protectora y crear una contención segura para ello.

A continuación, se enlistan sugerencias prácticas que pueden ser apropiadas. Algunas de ellas pueden ser tareas de las doulas modernas para el fin de la vida.

- Programa una respuesta automática en tu cuenta de correo electrónico para explicar que tienes poca o ninguna disponibilidad de tiempo en este momento. Puedes hacer lo mismo con tu correo de voz o tu contestadora automática.

- Si la persona que está muriendo tiene presencia en las redes sociales, anota las contraseñas y resguárdalas en algún lugar seguro. Tal vez desees publicar algún mensaje sobre la condición de tu ser querido como anticipación a su fallecimiento. (Incluso si no realizas publicaciones anticipadas, puede resultar útil conocer las contraseñas y asignar que alguien actúe como respaldo en esas cuentas). Un lugar de reunión frecuente en la comunidad, como la iglesia, un club o un bar, pueden ser sitios más íntimos para publicar solicitudes específicas de plegarias, reiki o amor.

- Solicita que un amigo, no directamente involucrado en la atención de la persona moribunda, se comunique con el mundo exterior. En algunas circunstancias, puedes contar con un individuo que se comunique con dos más, uno por cada lado de la familia extendida. Esta forma de transmisión de información te protege de recibir docenas de llamadas.

- Solicita que un amigo de confianza recolecte y clasifique tu correspondencia. Si confías en él, pídele que abra el correo y lo organice según su prioridad.

🐾 Pídele a alguien que se encargue de la comida. Cocinar puede ser placentero, pero habrá momentos en que salir a comprar víveres y prepararlos sea complicado. Solicita que dividan la comida en porciones para que sea más fácil congelarlas y calentarlas. Un letrero en la puerta puede ayudar a los vecinos a comprender lo que sucede.

🐾 Sin proporcionar demasiada información (a menos que sea apropiado), puedes agregar horarios adecuados para visitas y pedir que te concedan espacio en otros horarios.

🐾 Elabora una lista de las actividades y responsabilidades regulares de la persona que está muriendo. Si tiene hijos que van a la escuela y asisten a programas extraescolares, por ejemplo, tal vez sea útil un servicio de transporte. ¿Hay tareas en la granja o del cuidado de mascotas que necesitan atención? De nuevo, una especie de tabla organizadora puede ser útil para explicar que el perro necesita pasear todos los días; de lo contrario, ladrará toda la noche.

🐾 Se podría crear un estipendio para cuidadores para aliviar la carga financiera de quienes realizan la atención activa, a veces ininterrumpida. Es posible que el cuidador principal no pueda trabajar en absoluto durante el proceso de muerte activo, que puede crear estrés adicional no solo para ellos sino para el que está muriendo. Juntar dinero puede ser una manera encantadora para que la comunidad apoye al cuidador. Ten en cuenta que las plataformas de financiación colectiva en línea pueden ser un desafío para recuperar dinero en el momento oportuno. Cheques viejos, efectivo o transferencias instantáneas mediante aplicaciones pueden ser una mejor opción.

Puedes pedir a varios amigos que te ayuden con las tareas descritas para que nadie se sienta demasiado abrumado. En un mundo ideal, toda la comunidad se uniría para atender a quien está por morir, pero eso no siempre es posible. Trata de arreglártelas con lo que tengas a la mano. Yo formo parte de un grupo de alrededor de una docena de mujeres que cuidan a un anciano que vive solo en un hogar remoto. Tomamos turnos rotativos para atenderlo cada semana. Somos un equipo, pero también lo cuidamos de forma individual, a nuestra propia manera.

🌿 Apoyo herbal

Cuando prepares la cáscara protectora, una gran cacerola de romero en el umbral de la puerta principal o a la entrada ayudará a salvaguardar el hogar energéticamente. Un manojo generoso de eucalipto fresco también puede resultar agradable.

📍 Lugar alternativo

En un hospital o institución de asistencia, los mundos externo e interno están muy próximos entre sí. En ocasiones una persona designada puede (casualmente) "montar guardia" en la habitación o en el vestíbulo de la unidad de terapia intensiva. Esa persona puede ser el amortiguador energético que solicite a la gente que baje la voz si la multitud de visitantes es demasiado bulliciosa.

Ceremonia de humo para sellar el nido del exterior

Esta sencilla ceremonia de incienso/humo/ceniza establece el límite entre lo que es el mundo exterior y lo que ahora es el mundo interior. Las ceremonias de humo se han realizado a lo largo del tiempo y alrededor del mundo por una variedad de razones e intenciones, incluso limpieza energética, preparación de alimentos, meditación, ofrendas a las deidades, hechizos y comunicación espiritual.

Las ceremonias de humo pueden realizarse con hierbas en manojos o cortadas y trituradas para colocarse en carbón caliente sobre una piedra o en una cáscara.

1. Recolecta abundante salvia culinaria, pino, enebro, milenrama, artemisa, hierba de San Juan, cedro, tomillo, romero, lavanda, o cualquier combinación de ellas, y átalas con fuerza en un manojo. Averigua lo que crece localmente y si no es una planta amenazada*.

2. Enciende tu manojo de hierbas sobre una cuenca a prueba de fuego hasta que este encendida una pequeña llama. La idea de esta ceremonia es que produzca bastante humo, lo cual crea una barrera limpiadora y protectora alrededor de la casa, departamento o tienda de campo, donde quiera que tu ser querido está muriendo. Comienza el círculo que delimitará el área alrededor del ambiente donde la persona está por morir y complétalo en el punto donde iniciaste.

3. Recuerda expresar tu intención y mantenerla durante toda la delimitación. Una intención puede ser algo como: *Que solo la tranquilidad y el amor genuino pasen por este umbral.*

Aerosol protector sin aroma

Aerosol protector sin aroma se puede utilizar para el cuidador o la persona que está por morir. Elige aerosol protector para el individuo con base en lo que creas que es necesario. Algunas personas usan la palabra "suerte" en vez de "protección". Por ejemplo, un individuo puede portar una pulsera de la "suerte" para mantenerse a salvo; otro puede portar una pulsera de "protección" para sentirse seguro.

---

*La salvia culinaria funciona muy bien. Por favor no utilices salvia blanca porque es una planta en peligro de extinción y debe reservarse para las naciones originarias de Canadá y para los pueblos nativos estadounidenses.

El aerosol de protección sirve para lo mismo, pero asegúrate de establecer tu intención con claridad cuando lo prepares y lo utilices.

Cuando existen sensibilidades olfativas, o si tu ser querido está en una unidad de terapia intensiva donde no se permiten aromas, estos protectores inodoros son maravillosos. (Explicaré cómo ser libre de aromas en el capítulo 3).

1. Crea una declaración para repetir (en sánscrito se llama mantra) mientras eliges las piedras, las colocas en el rociador. La intención lo es todo. Una intención protectora puede ser: *Facilidad para transitar fuera de la vida, libre de obstáculos mentales, físicos, emocionales y espirituales.*

2. Coloca pequeñas piezas de cuarzo rosa, amatista o ámbar en una botella limpia y nueva de aerosol y llénala con agua de tu lugar natural favorito, si lo tienes. Cubre y etiqueta la botella.

3. Si tú percibes que surge cierto temor o agitación en tu ser querido, puedes considerar rociar alrededor de la habitación o en cada esquina de la cama mientras recitas tu mantra de protección. (No rocíes a tu ser querido).

En cada lugar del mundo que visito, recolecto agua y a veces un poco de tierra. Cuando preparo aerosol de protección me gusta agregar un poco de agua de Machu Picchu, Perú; de Cascada de las Ánimas, Chile; o de la colina de Tara, Irlanda. Desde luego, puedes agregar el agua que quieras de un lugar que tenga gran significado para ti. ¡Puede provenir de un arroyo o lago cercano a tu casa! De igual manera, las más preciosas piedras que conozcas pueden encontrarse en tu sitio favorito junto a ese arroyo. El amor, la claridad y la intención lo son todo en esta actividad.

PREPARACIÓN DEL NIDO INTERIOR

La habitación que imagino es modesta, con una ventana, una cama, una silla, una lámpara y una mesa lateral. A lo largo de este libro encontrarás sugerencias de objetos adicionales que quizá desees tener a la mano. Sin embargo, alrededor del mundo, incluso donde los recursos son muy limitados, las familias aún cuidan en casa a sus seres queridos que están por morir.

El nido interior es una mezcla de lo práctico y mundano y los deseos íntimos y ambientales del moribundo. Esto es tan exclusivo de las preferencias de cada individuo y de cada caso que es útil tener cuaderno o un diario de referencia.

Si el moribundo recibe cuidados paliativos, habrá una carpeta cerca para la comunicación entre cuidadores y voluntarios. Además, una correspondencia más íntima para los cuidadores puede ser un recurso invaluable para mantener a todos actualizados (incluso por hora) sobre los cambios que se están produciendo. Cosas como registros de cambios de ropa de cama, micción, deposiciones y medicamentos administrados (que también deben anotarse en cualquier registro médico se le pidió que usara) junto con notas como NO MÁS VISITANTES EN ESTE MOMENTO, pueden registrarse en un diario familiar.

Este diario también es un lugar para notas íntimas de recuerdo. Podrías escribir los nombres de los visitantes que pasaron por allí o los poemas que se leyeron, sueños o frases que el moribundo haya estado usando.

🌿 Apoyo herbal

Las plantas en una habitación donde alguien está muriendo pueden ser adorables y refrescantes; pueden servir como recordatorio del ciclo de la vida y la vibración, el crecimiento y la fuerza que permanece incluso mientras la muerte está activa. Pequeños brotes en la habitación pueden ser benéficos porque los visitantes observan su progreso de crecimiento durante ese tiempo. También puede ser una manera de dar la bienvenida y de motivar a los niños a venir: "¡Vayamos a visitar a la abuela y veamos cuánto han crecido las pequeñas caléndulas!".

Los ramos de follaje o de flores irradian color sanador y sus propias virtudes individuales. Las plantas frescas también absorben energía; por tanto, lo mejor es reemplazar un ramo cuando luzca marchito (y devolverlo a la tierra, no al basurero, si es posible).

. . . .

Consideración de los principios del ecosistema y la permacultura de la muerte

La permacultura es un conjunto de principios de diseño que se basan en el pensamiento de sistemas integrales. Su intención es incorporar lo nuevo en un sistema existente con facilidad y con el menor impacto posible en el ambiente. Originalmente fue creado para la agricultura por los australianos Bill Mollison y David Holmgren.

Me gusta aplicar principios de permacultura cuando contemplo el ambiente del individuo en proceso de morir. Esta puede ser una manera interesante y útil de crear o revelar el espacio donde uno se sentiría cómodo de abandonar la vida.

Primero, observa el espacio exterior; intenta contemplarlo desde arriba. Dependiendo de tu ubicación, esto puede significar que uses tu imaginación para identificar la ubicación de las cosas, usar un dron para obtener un panorama aéreo del exterior, subir escaleras o asomarte por la ventana de un edificio cercano, etc. Traza un mapa del paisaje exterior. ¿Hay algún escalón peligroso en la entrada con el que los visitantes deban tener precaución? ¿Cuál habitación recibe el sol de la mañana o de la tarde? ¿En cuál lado de la construcción hay más viento?

Observa el ambiente interior. ¿Es un hogar bullicioso? ¿Cuáles son los patrones de conducta de sus habitantes? ¿Suelen ser activos por las noches? ¿Por las mañanas? ¿Hay momentos de silencio a una hora particular cada día o a lo largo de la semana? ¿Qué recursos hay disponibles? ¿Dónde está el agua corriente en relación con el sitio donde está la persona en proceso de morir? ¿Cuáles son las dificultades o las conductas disfuncionales de la casa o de sus habitantes? (No necesariamente necesitas cambiar o resolver esos aspectos, pero puede ser útil saber dónde están). La disfunción puede ser distinta para cada persona, pero cuando trabajamos con un individuo que está muriendo, los cuidadores y doulas para el final de la vida a veces solo necesitamos observar para incrementar nuestra empatía.

¿Cuál es tu función en este gran sistema? Deja que tu ambiente y tus actividades te ofrezcan retroalimentación y autorregúlate. ¿Tu nivel de energía disminuyó justo después de comer? ¿Qué comiste que pudo causar ese efecto? ¿Acaso solo necesitas tomar una siesta?

Después de haber observado con atención los diferentes matices de los sistemas vivos y no vivos en el lugar donde tu ser querido está por morir, puedes adaptarte a los cambios con facilidad e implementar remedios cuando sea necesario. Ya sabrás que el baño del primer piso no debe utilizarse durante una tormenta o que los niños en el departamento de arriba siempre suben las escaleras en estampida al llegar de la escuela, pero están callados después de las siete de la tarde, así que ese será el mejor momento para las visitas. Quizá ya sepas que el vecino de al lado va a la oficina de correos tres veces por semana y que tal vez también pueda recoger la correspondencia de la persona que está muriendo. Usa los sistemas que existan y trabaja con el ambiente de manera armoniosa para encontrar y crear la mayor naturalidad.

. . . .

Limpia, ordena y despeja

Libera la habitación de desorden para que tú (el cuidador) puedas moverte con soltura sin tropezarte. Barre todos los rincones y debajo de la cama, lava las ventanas, utiliza limpiadores naturales y artículos de aromaterapia. Por ejemplo, barrer con pino u otras ramas aromáticas puede ser maravilloso.

Evita los atomizadores sintéticos, los aromatizantes ambientales y las velas fabricadas con petróleo. El simple hecho de permitir que una buena brisa recorra el espacio puede ayudar a desechar energía vieja o estancada. Algunas técnicas libres de aromas para purificar o mover la energía de una manera no invasiva son los abanicos de plumas, aplaudir, tocar un tambor, colgar un móvil o tañer campanas.

🌿 Apoyo herbal

Después de limpiar, rocía esencias favoritas de aromaterapia o florales en las sábanas para que tengan un agradable perfume y para desinfectar el área con gentileza. Una gota de aceite esencial de lavanda en la almohada puede dejar un maravilloso aroma que dura por horas. Puedes colocar un pequeño costal de hierbas secas, como lavanda, rosas orgánicas, menta o albahaca morada en la almohada o junto a la cama. Solo frota el costalito entre tus manos para activar la esencia.

Intención ceremonial para el nido interior

Estás creando un espacio sagrado, un nido precioso donde la persona que está por morir puede resguardarse. Un espacio donde un individuo inhalará y exhalará su último aliento; un espacio donde un espíritu o alma saldrá de un cuerpo. Tú sostienes ese espacio energético para esta transición, de la misma forma en que la habitación te protege de los elementos exteriores.

En ocasiones, participar activamente en este trabajo energético se conoce como "sostener el espacio". Esto significa que tú no te enganchas a ningún escenario, más bien conservas la intención de mantener tu mente abierta y en calma, libre de pensamientos negativos o positivos, deseos o creencias. Tu trabajo es el de sostener una zona neutral para el desarrollo de lo que suceda. En este espacio abierto y contenido, muchos sentimientos y emociones pueden ir y venir, elevarse y caer, pero en lugar de tener una cualidad "pegajosa" que te impacte a ti o a la persona que está muriendo, simplemente se mueven a través, como una nube que pasa. La maestra budista estadounidense-tibetana Pema Chödrön dice sobre las emociones: "Tú eres el cielo. Todo lo demás es simplemente el clima". Puedes aplicar este concepto en este trabajo al mantener un "sereno y espacioso cielo" alrededor de ti y de la persona en proceso de morir, a la vez que se mueven diversos sistemas climáticos (visitantes) en el mismo sitio.

La preparación energética de la habitación y la realización de una purificación apropiada te ayudarán a fortalecer tu sistema inmunitario y a preparar tu mente para lo que suceda. Lo ideal es que el ambiente que tú dispongas sea tranquilizante para ti y para el individuo que está muriendo, así como para todas las personas que entren al nido interior.

No obstante, recuerda que ese individuo morirá con o sin tus esfuerzos y que morirá por sí mismo, a su manera. Tú puedes realizar minuciosos preparativos para uno de los más sagrados actos de nuestra existencia humana y también dejarlo ir por completo. No hay nada a lo que aferrarte ni una manera determinada en que eso sucederá.

✤

PRÁCTICA DE CONSCIENCIA PLENA
Déjalo ir

Adopta una postura firme y relajada. Imagina que tus pies se hunden cientos de kilómetros en la tierra y que un rayo de luz se extiende a cientos de kilómetros hacia el cielo. Mira alrededor con ojos claros y abiertos. Siente el aire que se eleva y desciende en tus pulmones. Tu corazón late; estás vivo. Hazte consciente del lugar donde estás y de lo que haces. Cierra los ojos y permite que tus pensamientos se expandan más allá de lo desconocido. En tu humanidad, no puedes saber el significado o la importancia total de la función que realizas aquí en la tierra o como cuidador. Internaliza esto y también déjalo ir.

Una buena declaración de intención: *Que este espacio sagrado de transición se mantenga seguro y en amor puro y eterno.*

📍 Lugar alternativo

Puedes realizar ceremonias y rituales en cualquier lugar. Puedes utilizar un aerosol protector sin aroma para limpiar la habitación y colocar un pequeño recipiente con sal para absorber las energías negativas. Cuando sientas que la sal ha cumplido su misión, deséchala en el exterior (dispérsala para que no dañe el césped o las plantas).

CÍRCULO INTERIOR DEL CUIDADO

Durante la muerte activa se desarrollará un círculo interior. Las personas que tienen un contacto más cercano con la persona que está muriendo no siempre son familiares y no todos aprobarán a aquellos que estén presentes en ese círculo interior. Tal vez así ha sido siempre o quizás ese círculo interior de personas es una nueva estructura que se debe a relaciones distantes, preferencias emocionales o problemas con traslados y distancias. Las emociones se exacerban y la confusión impera en momentos de estrés. La muerte no es la excepción; así como puede hacer florecer lo absolutamente mejor de la gente, también puede hacer surgir un gran enojo, frustración y negación.

Existe un delicado equilibrio entre asegurarte de decir lo que necesitas decir y dar un paso atrás para que la situación pueda desarrollarse con la mayor naturalidad. Puede haber mucha conversación "yo": "Yo creo esto", "Yo he estado aquí para esto", "Yo soy el único que debería hacer esto". Cada situación es única; por tanto, no existe una solución rápida. Intenta continuar escuchando, mantenerte curioso y reconocer la situación por lo que es: la situación de una persona en proceso de morir. Tú también la experimentarás algún día. Permite que la manera como te manejas a ti mismo y a los demás durante esta muerte en particular sea el camino que esperas que siga tu propia muerte. (Encontrarás más información en el capítulo 6).

EL NIDO SECRETO

Toma nota mental del nido secreto que está formándose. Mientras escribo esto, pienso en mi padre, un increíble sanador y terapeuta que enseña el amor por uno mismo como si fuera un arte sin el cual nadie podría vivir. Tiene razón, por supuesto. Él habla de una cámara interior de amor por uno mismo que yo imagino como un reconfortante nido. Eso es lo que comienza a formarse dentro del corazón de la persona que está muriendo. Las comodidades exteriores empiezan a significar muy poco. De hecho, después de un tiempo no significan nada a medida que la muerte se aproxima y la vida se aleja. He descubierto que este tipo de autocalmante es más evidente en los gatos, que ronronean mientras mueren, o en los animales que se marchan a solas para morir y retoman la comodidad de una posición fetal protectora. En esta posición, el cuerpo puede recordar la comodidad del vientre materno; es decir, el tiempo previo a la vida en el exterior.

Este nido secreto se forma con facilidad para algunas personas: un corto viaje al interior para encontrar el consuelo final que facilite su transición de salida de la vida. Para otras, descubrir y aceptar la entrada a esta cámara interior puede significar "rendirse" o "soltarse", que lo puede causar mucho temor o resistencia a hacerlo.

A veces, las circunstancias externas pueden ser un obstáculo. Un caballero con quien trabajé estaba angustiado porque él estaba pasando sus últimos días en la UCI cuando deseaba, desesperadamente, estar en casa en el nido que había preparado para sus últimos días. Lo visité en el hospital y, mientras me explicaba que su nido estaba en casa esperándolo, le recordé gentilmente que el nido que necesitaba más atención en este momento era el que estaba dentro de él. No me sentí bien al decirle esto, pero él confiaba en mi honestidad y yo no estaba segura de si llegaría a su casa antes de morir. Las lágrimas inundaron sus ojos, pero asintió comprendiendo.

El nido secreto es un lugar intensamente individual, en el que influyen nuestras creencias culturales, pero nuestro ego y sentido de uno mismo es lo único que nos impide comprender la unidad universal que somos todos. No podemos asistir a otra persona en este viaje hacia el interior, antes de la gran liberación y fusión, pero podemos recordar a quien está por morir que el viaje es seguro, que es amado y que pronto se fundirá con el amor mismo.

A los 19 años di a luz a mi primer bebé. Entré a la etapa de pujar, pero tuve que apoyarme sobre mi costado izquierdo para aliviar la presión sobre mi nervio vago. Tuve una experiencia infernal en el baño, donde mi comadrona necesitó empujar la mitad de mi cérvix sobre la cabeza del bebé para abrir el pasaje de salida. Exhausta, sin medicación y a punto de perder el foco, decidí soltarme. Tuve fuertes cimientos de meditación desde la infancia, y con total y placentera liberación me volví hacia la profundidad de mi corazón y tomé la decisión consciente de abandonar toda esperanza de logro. Pensé: "Podría morir y eso está bien".

Una cita de Anaïs Nin me recuerda ese trabajo interior que yo realicé: "Llegó el día en que el riesgo de permanecer oculta en capullo fue más doloroso que el riesgo que me costó florecer". Sin dolor, en total relajación y rodeada por una luz blanca tan brillante que me impedía ver cualquier otra cosa, nació mi bebé. Después, cuando pregunté por qué habían encendido luces tan brillantes (a pesar de que mi plan de parto expresaba mi deseo de no tener luces encendidas en el techo), mi madre respondió: "No, cariño. Aquí estaba muy oscuro. Tu comadrona utilizó una lámpara de cabeza con luz atenuada".

Te cuento esto porque, dondequiera que yo estaba, el dolor ya no existió una vez que me rendí por completo. La luz blanca fue una fusión armoniosa con todo el espacio y el tiempo. Por voluntad propia fui a mi cámara interior y nido secreto cuando las circunstancias externas se volvieron demasiado difíciles de soportar. No, no morí, pero si la muerte es similar a esa acogedora simplicidad, entonces ninguno de nosotros tiene nada de qué preocuparse.

EL CLIMA EN NUESTRA MUERTE

Lidiamos con el clima a lo largo de toda nuestra vida y también tiene una función en nuestra muerte. Ahora que tu ser querido está por morir, ¿cómo es el clima? ¿En qué fase está la luna? ¿Está húmedo o seco? ¿La electricidad es estable, parpadea o no hay?

En la vida enfrentamos tormentas de diferentes tipos, según donde vivamos. Algunos de nosotros nos hemos aterrorizado con tornados, huracanes, incendios y tormentas de nieve. Sin embargo, esos fenómenos forman parte de nuestro mundo natural. Dado que somos tan indefensos, es casi consolador rendirnos ante algo tan poderoso. La muerte puede ser así.

Con frecuencia he pensado que más gente debería morir en lugares menos tradicionales. Si tú tienes un sistema de atención que pueda viajar contigo y tú has pasado todos tus mejores días en las orillas de tu playa privada, ¿por qué no instalar una cama y morir allí? Si cuentas con la atención y la capacidad y has pasado las mejores horas de tu vida en el bosque, ¿por qué no morir en una cama en ese lugar? Me encantaría estar al pie del lecho de una muerte en el bosque.

Podemos regocijarnos con el aroma de la lluvia sobre la tierra o sobre el pavimento caliente de la ciudad, con la esencia de las praderas recién podadas en el campo o la vista de las ramas de cedro inclinadas bajo el peso de la nieve. Podemos saborear la experiencia de sentarnos junto a las crepitantes llamas de una fogata que cautiva nuestros ojos, nuestra nariz, nuestra piel. Disfrutar las lilas de verano que florecen o la fruta que fermenta en el suelo, que pueden ser manzanas, mangos o limones; prestar atención al canto de los pájaros, los grillos o las ranas que croan en las noches, los aullidos de los animales en la naturaleza, el sonido de los ríos, las olas del océano que golpetean la arena o el aire caliente y humeante. Los sentidos más hermosos pueden deleitarse con solo abrir una ventana.

⚲ Lugar alternativo

Las ventanas o el acceso al mundo natural pueden no estar disponibles siempre. Una película de la naturaleza o sonidos grabados de grillos o de las olas del océano pueden resultar útiles en estas situaciones. Algunas lámparas nocturnas para niños proyectan estrellas o arcoíris alrededor de la habitación. También puedes encontrar versiones para adultos, hechas con papel de arroz que giran con suavidad para proyectar una luz suave que reproduce las sombras de las hojas que danzan en el exterior.

3

Morir es una experiencia
sensorial

*Nuestra verdadera realidad trasciende los cinco
sentidos.*

DEEPAK CHOPRA

Si bien es posible que no todos los cinco sentidos estén disponibles para una persona (debido a neuropatía, radiación, quimioterapia, lesiones, etc.), pueden ser una exploración multidimensional que traiga consuelo. Además, puede ocurrir la actividad del sexto sentido, y quizás experiencias y sensaciones extracorporales que nosotros, los vivos, somos incapaces de comprender o incluso reconocer.

OÍDO (AUDICIÓN)

Nuestra manera de usar la voz, en cuanto a tono, velocidad, volumen y pronunciación, hace una gran diferencia en cómo es recibido nuestro mensaje.

Podemos aprender mucho de como hablaba Fred Rogers (de la

serie televisiva *Mister Rogers' Neighborhood*). Tanto si conversaba con un niño pequeño como si se dirigía a un grupo de estudiantes universitarios, él hablaba con claridad, calma e intención. Parecía curioso acerca de cómo se expresaban los demás e intentaba entender su manera de hablar. Este estilo de hablar puede ser apreciado por las personas que procesan la palabra más despacio, como quienes hablan en otro idioma, que tienen dificultades para escuchar o cuyo procesamiento es más lento. Lo mismo aplica para individuos que están adormecidos, desorientados o abrumados por la emoción, lo cual es común entre quienes están muriendo o acaban de recibir la noticia de una muerte.

El oído suele ser el último sentido que se apaga a medida que se acerca la transición de salida de la vida. Asegúrate de que las únicas palabras habladas en la habitación sean aquellas que se pretenda que tu ser querido escuche. Dado que el oído suele permanecer activo en las etapas más avanzadas de la muerte, se puede decidir dejar o retirar los auxiliares auditivos. Las discusiones deben ocurrir afuera de la habitación, de preferencia afuera del edificio.

Este es un buen momento para pedir perdón, decir "te amo" y expresar cualquier cosa que debió decirse mucho tiempo atrás. A pesar de que estas cosas pueden decirse después de que el individuo ha muerto, ese tipo de comunicación durante la vida puede ser tranquilizante para quien está muriendo y consoladora para la persona que desea expresarse.

Un regalo muy difícil es dar permiso a tu ser querido de morir. Oh, claro, esa persona morirá de todas maneras. Sin embargo, en muchas ocasiones, cuando alguien recibe el permiso de sus seres queridos, si le dicen que está bien, que ellos estarán bien, la persona fallece poco después. Esto requiere gran valor de los vivos y tal vez no se lo ofrezcan a quien está muriendo por cualquier cantidad de razones (el enojo, por ejemplo, que discutiremos en el capítulo 6). Esto también está bien.

Sonidos dentro y alrededor de la habitación

La audición es una parte integral del proceso de muerte. Si el que está muriendo es capaz de oír (con o sin audífonos), este es un sentido importante a atender. Aunque es posible que su ser querido no responda de una manera que pueda reconocer, el sonido juega un papel importante cuando los otros sentidos pueden estar embotados o inactivos. Es posible que los moribundos ya no puedan disfrutar los sabores de sus comidas favoritas, es posible que tengan los ojos cerrados durante gran parte del tiempo, o pueden tener dolor en el cuerpo y prefieren no pensar en sensaciones corporales. Esto puede ser un momento maravilloso para mejorar o calmar con el sonido.

- Cuando tu ser querido está descansando, ¿prefiere el silencio o un tranquilizante sonido de fondo, como una fuente suave, música o un crepitante fuego?
- ¿Tu ser querido tiene libros, poemas o pasajes sagrados favoritos que podrías recitar?
- ¿A tu ser querido le gusta que le canten o tiene alguna música favorita que le gustaría escuchar?
- Las risas y las historias pasadas de la familia pueden ser maravillosas. El ruido de los niños jugando también pueden ser una bendición.
- Los sonidos naturales de afuera, de día o de noche, pueden proporcionar gran consuelo. En otros momentos, cerrar puertas y ventanas para silenciar el espacio será lo correcto.

Presta atención a los sonidos que puedan ser inquietantes o invasivos. Si alguien está podando el césped afuera, cierra la ventana.

Durante las fases activas de la agonía, este tipo de sonidos pueden no tener impacto alguno en el individuo y los ruidos cotidianos del hogar pueden ser calmantes. Si la persona no puede comunicarse, obsérvala y utiliza tu intuición.

Si tu ser querido está acostumbrado al televisor en el fondo o prefiere aislarse en su teléfono celular, tal vez sea lo único que desee hacer mientras muere. Es probable que veamos más de este tipo de muerte en el futuro. Es muy raro que las preferencias de la gente cambien de manera radical en su lecho de muerte.

⚲ Lugar alternativo

Los sonidos en los hospitales o en las instituciones de asistencia pueden ser muy invasivos, en especial si la persona está muriendo en una sala de emergencia o en una habitación compartida. El propósito es volverte muy, muy pequeño. Haz que el espacio alrededor de tu ser querido sea extremadamente íntimo. Cierra las cortinas divisorias, siéntate cerca, susurra en su oído y, si es apropiado, colócale audífonos aislantes para crear silencio o para reproducir su música favorita. Ya sea en el hogar, en la habitación de un hospital o en una unidad de terapia intensiva, la música puede aislar los sonidos desagradables o no deseados y crear un reconfortante "espacio" de sonido.

☙ Apoyo herbal

Para calmar el dolor de oídos, frota suavemente a la persona desde la oreja hacia el hombro, de forma descendente. Una mezcla de aceite de gordolobo dentro o alrededor de la oreja lo aliviará. Cosecha o compra media taza de flores de gordolobo recién abiertas y cúbrelas con aceite de oliva. Coloca el recipiente tapado bajo el sol por una a tres semanas para permitir que el calor extraiga la medicina de la flor de gordolobo. Cuela la mezcla y embotéllala. Ya está lista para usarse y solo necesitarás un par de gotas cada vez.

OLFATO

Cuando alguien está por morir, puedes emplear aromas para darle consuelo. Es increíble cuando percibimos un aroma de algo y de inmediato nos trasladamos a una fiesta de la infancia que casi no recordamos, pero el olor nos lleva allí en un nanosegundo (desde luego, ¡esto puede suceder para bien o para mal!). Dado que muchos aromas eran nuevos cuando éramos niños, dejan una primera impresión muy duradera.

Cuando estaba escribiendo este libro, pregunté a algunos de mis más cercanos y antiguos amigos cuáles aromas les inspiraban comodidad y amor. Pronto se convirtió en una discusión sentimental. Una amiga me dijo que el aroma de las lilas le recuerda cuando se escondía con su hermano bajo los árboles de estas flores junto a sus adorados perros corgi de la niñez. Otra dijo que el olor de las cabañas donde se produce azúcar de maple en primavera y el vapor que brota de las cacerolas de jarabe de maple le recuerda cuando preparaba azúcar con sus padres cuando era pequeña. Mi esposo, Pablo, adora el aroma a magnolias, que le recuerda cuando hacía largas caminatas en Central Park, en Nueva York, con su padre, cuando los árboles de magnolia estaban floreciendo. Para mí, el aroma del heno fresco y de las sillas de montar me recuerdan cuando jugaba en mi establo en la infancia.

¿Tu ser querido se siente reconfortado con determinados aromas? ¿Es sensible a los olores? (A continuación, hablaremos de la sensibilidad olfativa). Revisa si este tema está incluido en su plan de muerte. Si no hay documentación al respecto y el moribundo no puede comunicarse, puedes intentar discernir sus preferencias preguntándoles a su familiares o amigos cercanos.

Incluso si a la persona que está muriendo no le agradan los aceites esenciales o los perfumes producidos por humanos, hay muchos olores que pueden ser reconfortante.

- ¿Hay alguna vieja camisa de alguien amado, que huela como esa persona y que pueda colocarse alrededor de quien está muriendo? Incluso si ese individuo está muy lejos, puede enviársela a quien está por morir para inspirar sentimientos de seguridad y consuelo amoroso.

- Un amigo mío me dijo que un jabón aromático particular era distintivo de su familia. Todos iban con frecuencia a la tienda para comprar barras del jabón y colocarlas alrededor de la habitación del hospital porque les recordaba a su ser querido que estaba muriendo.

- ¡Adelante, a cocinar! Algunos de los más tranquilizantes aromas provienen de galletas recién horneadas o de un guiso a fuego lento. Cocinar puede ser bueno para ti y también para los familiares o amigos ociosos.

- Una canasta de hierbas recién cortadas puede oler sensacional en una habitación.

- El aroma de cera de abeja es hipnótico para mi familia, pues hemos sido fabricantes de velas durante mucho tiempo. Nos perdemos en el tibio resplandor amarillo y en el perfume de una vela de cera de abeja y nos sentimos enfocados al instante. (Las velas de cera de abeja también emiten iones negativos que ayudan a la purificación del aire).

¡Existen miles de esencias de plantas allá afuera! Los aromas vigorizantes tal vez solo sean para el cuidador, pero pueden resultar útiles si te sientes somnoliento en un momento en que necesites estar alerta. Entre las esencias vigorizantes se incluyen la canela, la menta, los cítricos y el eucalipto. Algunas esencias tranquilizantes son la lavanda, la vainilla, el incienso, el vetiver y la rosa. Estos son solo algunos de los aceites esenciales fáciles de encontrar y que por lo general se consideran placenteros entre muchas culturas.

📍 Lugar alternativo

Algunos hospitales e instituciones de asistencia permiten los aromas; otros no. Pregunta qué puede hacerse. Recuérdales que ya hay muchos olores fuertes y químicos en la habitación, de manera que la esencia de rosa en realidad no debería molestar a nadie.

🌿 Apoyo herbal

Es fácil preparar tu propia vainilla para utilizarla como delicioso aerosol de aromaterapia (o para cocinar). Llena un tarro de un litro con vodka (cualquier marca barata servirá) y agrega dos o tres vainas enteras de vainilla. Asegura bien la tapa y guarda el tarro en un gabinete durante un ciclo de la luna. Agítalo un par de veces por semana. Así crearás el más aromático (y sabroso) extracto de vainilla. Esta mezcla no se echará a perder. A medida que utilizas el extracto, agrega más vodka y más vainas de vainilla. Para hacer el aerosol, diluye el extracto de vainilla con agua destilada (¼ parte de extracto de vainilla por ¾ partes de agua) y viértelo en un recipiente atomizador etiquetado. Consejo adicional: cuando las vainas de vainilla se hayan gastado, sácalas del tarro y úsalas para composta, pero no antes de retirar las semillas (puedes agregarlas al café o al helado como antojo).

Cómo ser libre de aromas

Algunos individuos son sensibles a los aromas durante toda su vida y otros desarrollan sensibilidad olfativa con el tiempo, por diferentes razones. Esto ocurre con las personas en proceso de morir. La quimioterapia puede causar este efecto, pero algunos individuos a punto de morir pueden sentir muchas náuseas simplemente porque su cuerpo está cambiando. Una mujer a quien atendí no habló durante tres días porque casi cualquier actividad u olor le provocaba la necesidad de vomitar. Una enfermera de la institución de asistencia llegó muy perfumada y mi clienta tuvo que pedirle que se marchara. Se le había pedido a la enfermera que no usara perfume, pero su chaqueta aún conservaba el olor. Cualquier cosa que pueda parecer inocua para ti, puede ser abrumadora para una persona con sensibilidades olfativas. Esto puede incluir olores naturales, como alimentos o aceites esenciales, y otros inesperados, como el del café que traes al entrar a la habitación. Incluso abrazar a una persona perfumada puede transferirte ese olor.

Las esencias comunes que debes cuidar son aceites esenciales, jabones, toallitas para secadora, champús, desodorantes, "árboles aromatizantes" para autos, productos químicos para limpieza y, desde luego, humo de cigarro. Cuando trabajas con alguien que tiene sensibilidad olfativa, el mundo, tal como lo conoces, cambia. En realidad, abrirte y volverte consciente de tu alrededor es un maravilloso ejercicio. A menudo estamos atentos a las cosas que son peligrosas o incómodas, pero es raro que el olor sea una de ellas.

Busca champús, acondicionadores, desodorantes, cremas, jabones y detergentes sin aroma. Lee con atención las etiquetas y, si es posible, intenta abrir la tapa para oler el producto. Permite que tu ropa se seque con el sol (las secadoras pueden conservar el aroma de las toallitas que usaste antes). Asegúrate de no agregar ningún perfume al humidificador de tu propia habitación o en el espacio de la persona en proceso de morir.

Cuando los olores del moribundo son desagradables

Recuerda retirar la ropa de cama sucia, las vendas usadas y la basura de la habitación con frecuencia para eliminar los olores desagradables. También puedes disfrazar los olores repulsivos con incienso, difusores de aceites esenciales, salvia, lociones y aerosol. Sin embargo, en ocasiones esos remedios externos pueden ser invasivos para la persona que está por morir.

Malos olores pueden emanar de las cavidades del cuerpo, de heridas abiertas o de la boca. Si sientes incomodidad o náuseas por los olores mientras trabajas con la persona que va a morir, intenta chupar una pastilla de menta cuando te encuentres en contacto cercano.

Cuidado bucal

Cuando el cuerpo de una persona está a la mitad del proceso de morir, el cepillado de dientes puede no ser la máxima prioridad pues la comodidad será más importante. La higiene puede tener importancia, pero quizá sin cepillo de dientes, una pasta de sabor fuerte y un lavabo. En lugar de ello, puedes emplear un enjuague bucal (y tal vez un suave bálsamo para labios, si los tiene resecos o cuarteados).

Si la persona que está muriendo utiliza dentadura postiza, tal vez sea necesario decidir si se le retirará o no. A pesar de que los visitantes no estén acostumbrados a ver al individuo sin la dentadura postiza, podría ser más tranquilizante para el enfermo no tener que preocuparse por el pegamento (y el cuidador no tendrá que preocuparse por la acumulación de bacterias).

🌿 Apoyo herbal

Exprime el jugo de mitad de una lima y mézclalo con una cucharada de miel en una taza de agua tibia. Revuelve o agita para disolver. Utiliza una torunda de algodón o un trapo limpio y suave para limpiar los dientes, la lengua y la boca. La persona puede no ser capaz de escupir o tragar, así que sé cuidadoso con la cantidad de líquido que utilices para evitar que lo aspire. En lugar de lima puedes usar limón o menta. La miel es estupenda porque es dulce y tiene propiedades antibacteriales. El té de menta es otra alternativa. Por lo general la menta es un sabor placentero y conocido, dado que muchas pastas de dientes son mentoladas.

GUSTO

Dependiendo de la fase en que se encuentre tu ser querido, podría ingerir algunos bocados de comida, una malteada, un *smoothie*, algún líquido espeso, solo líquidos o nada. El caldo de los guisos favoritos y las sopas pueden ser nutritivos y tranquilizantes. El hielo picado también es útil y puedes agregarles jugo natural de arándanos o naranjas.

Como seres vibrantes que somos, nos sentimos reconfortados por la comida y por comer. Todos tenemos distintas dietas e ideas de lo que es saludable y apropiado, pero, en líneas generales, nos sentimos mejor cuando comemos. Por esta razón, puede ser incómodo para los sanos ver que su ser querido no sea capaz de comer o que decida no hacerlo; lo mismo ocurre con la bebida. A menudo creemos que, si no podemos comer, aún debemos hidratarnos. Sin embargo, la deshidratación en realidad causa un tipo de alivio al dolor después de que la sed inicial se calma. Ocurre un efecto analgésico con la deshidratación que puede estimular una especie de euforia y agradable aturdimiento.

Está bien si tu ser querido elige no comer o beber. Es necesario respetar esa decisión. En el mundo médico, esto se conoce como "interrupción voluntaria de comer y beber" (IVCB). Un chico de una familia con la que trabajé estaba orgulloso de haber recolectado frambuesas para dárselas a su padre moribundo; eran sus favoritas. No obstante, comer ya no era una opción para el padre, ya sea por náuseas o por el deseo de no hacerlo. En momentos como este, una ofrenda en un altar es una manera agradable de que el enfermo acepte un obsequio precioso. Incluso si no está despierto o no es capaz de aceptar la ofrenda, puede agregarse al altar como símbolo de su amor por las frambuesas.

Los animales que están por morir dejan de comer y, con el tiempo, también dejan de beber. Esto es natural. No es importante forzar alimentos saludables e hidratación en esta etapa, pero sí debemos asegurarnos de mantenernos hidratados nosotros. De hecho, esto es vital para los cuidadores.

Cualquiera que sea la situación de consumo de la persona que está muriendo, si lo único que se le antoja es glaseado de chocolate, ¿no suena grandioso? Esta fase de la vida no consiste en mantener la salud física, sino en tranquilizar y soltar.

📍 Lugar alternativo

Utiliza una hielera portátil para transportar el hielo picado o los caldos caseros que preparaste.

🌿 Apoyo herbal

Aunque tu ser querido no coma ni beba, tal vez aprecie un suave bálsamo de cannabidiol CBD para suavizar sus labios. Puedes ordenar CBD en línea o comprarlo en una granja orgánica en tu localidad. Este bálsamo es útil para muchas cosas pues ayuda a reducir el dolor y la inflamación, además de tener propiedades antibacteriales y antifúngicas. Cuando los pies de mi suegro estaban terriblemente dañados durante sus tratamientos de quimioterapia y radiación, este ungüento ayudó mucho. También disfrutaba el masaje en los pies.

Aceite sanador de CBD y/o caléndula

Para esta receta necesitarás un baño maría y una gasa junto con los siguientes ingredientes. Las cantidades son solo sugerencias y se puede ajustar dependiendo de qué tan denso deseas que sea el aceite. Recuerda que el aceite de coco cambia de consistencia con la temperatura.

¼ a ½ onza de flor de cáñamo o CBD

⅛ onza (o menos) de flor de caléndula

1 taza de aceite de coco o de oliva

gotas de aceite esencial de naranja, menta, rosa o lavanda (opcional)

Comienza por calentar las flores de cáñamo desmenuzadas en un horno a 230 grados Fahrenheit (110 grados Celsius) durante alrededor de cuarenta minutos. Este proceso de calentamiento se llama descarboxilación. A continuación, corta las flores calientes hasta que estén desmoronadas.

En la cacerola para baño maría, agrega las flores de cáñamo en la parte superior y cúbrelas por completo con el aceite (si deseas que el contenido de CBD sea menos potente, agrega más aceite). Esta es una extracción muy lenta y deberás dejarla sobre la estufa durante un par de horas. Revisa el nivel de líquido y asegúrate de que se cocine a fuego lento, sin que llegue a hervor rápido.

Opción: puedes agregar las flores de caléndula en la parte superior de la cacerola, al mismo tiempo que las flores de cáñamo, o puedes cocerlas por separado para crear diferentes variaciones de aceite al mezclarlas o mantenerlas aparte.

Después de alrededor de dos horas, usa la tela de gasa para colar las hierbas del aceite. Las hierbas que quedaron después del colado pueden servir para tu propio baño terapéutico, pero asegúrate de mantenerlas atadas en la tela de gasa o de poner una coladera en el drenaje, para evitar tapar las tuberías de desagüe.

Si deseas que tenga algún aroma, agrega varias gotas de aceite esencial de grado terapéutico, como rosas o lavanda.

El color del aceite puede variar entre verde suave y muy oscuro, según de la potencia del CBD. Ahora ya cuentas con un grandioso aceite sanador y calmante como base para muchas cosas. Puedes diluirlo con más aceite para masaje o conservarlo en su forma concentrada para usarlo en músculos adoloridos, para ayudar a conciliar el sueño o para reducir la inflamación.

VISTA

Lo que consideramos una vista tranquilizante varía de una persona a otra. La mayoría de las veces, los panoramas conocidos son calmantes. Plantas, cristales, lámparas de cristal de sal, sedas e imágenes de la naturaleza pueden ser tranquilizantes, pero, si no son conocidas para la persona que está muriendo, pueden causarle incomodidad.

Debes hacer un esfuerzo para crear un ambiente visualmente agradable en la habitación. Por ejemplo, intenta no dejar demasiados implementos médicos a la vista de tu ser querido, si es posible. Es fácil colocar los medicamentos en una canasta y cubrirla con una linda pieza de tela. Tal vez debas mantener las gráficas en posición horizontal, en lugar de colgarlas en la pared donde todos puedan verlas.

He aquí algunas cosas que me ha resultado útil tener en cuenta cuando trabajo con personas que se encuentran en la tierna fase de hacer las paces con su entorno visual.

- ¿Existen imágenes que tranquilizan a tu ser querido? Considera colocar sus obras de arte favoritas más cerca de su vista.

- Coloca fotografías en una mesa cercana para que las vea la persona en proceso de morir. Mi amiga Salicrow, médium psíquica, explica que agregar fotografías de antepasados puede resultar útil. Podemos incluir imágenes de los padres, amigos o hijos fallecidos. Con estas imágenes como punto central, el moribundo se motiva a ir hacia esos seres que ama, en lugar de ver fotografías de los vivos (a quienes puede echar de menos en la tierra) y que lo pueden anclar aquí.

- El juego de sombras en las paredes y el techo puede ser calmante. En ocasiones el sol se filtrará a través de un árbol que mueve sus ramas con la brisa o de una cortina de encaje, para proyectar destellos o sombras alrededor de la habitación. Los atrapasoles y los cristales colgantes que proyectan arcoíris en la habitación pueden ser muy bellos.

- ¿La persona que está muriendo prefiere que su espacio esté iluminado u oscuro? Una cortina opaca o una cobija gruesa ante la ventana pueden ayudar si la oscuridad es preferible. Cuando sea necesario, usa velas (reales o de led), luces atenuables o una linterna para asistir y trabajar alrededor del individuo. Si requieres utilizar las luces cenitales de forma periódica, avisa a tu ser querido antes de encenderlas.

- Algunas personas pueden disfrutar una habitación con iluminación suave, las luces titilantes o las velas (incluso las de carga solar o de led). Desde luego, vale la pena mencionar que las personas que están por morir pasan mucho tiempo con los ojos cerrados; por tanto, este ambiente puede ser más para los visitantes o los cuidadores.

- En lo personal, me encanta dormir bajo un rayo de sol. Ya agregué esta instrucción en mi plan de muerte para que nadie cierre las cortinas.

- Los ramos de flores pueden ser maravillosos, aunque no siempre están permitidos en algunas áreas de los hospitales.

🌿 Apoyo herbal

Las bolsitas tibias de manzanilla son muy agradables para los ojos inflamados o cansados. Esto funciona tanto si tú cosechas tus propias flores frescas de manzanilla para preparar un té o si utilizas té orgánico embolsado. Solo prepara una taza de té, espera hasta que su temperatura se sienta bien y coloca una tela suave empapada en té o las bolsitas de té directamente sobre los ojos cerrados.

TACTO

El cuerpo a punto de morir experimenta un proceso que no es muy distinto a la incomodidad de pasar por el canal de parto. Comprende que tus contactos serán los últimos que ese individuo experimentará en su vida. El tacto puede ser tranquilizante o doloroso. Haz tu mejor esfuerzo para ser gentil y cuidadoso al hacer lo necesario para cuidar físicamente de tu ser querido.

- Primero determina si la persona que está muriendo está acostumbrada al tacto o si fue tocada muy pocas veces en su vida. Es apropiado preguntar antes de tocar o avisar a la persona que la tocarás antes de hacerlo.

- ¿Tu ser querido siente tranquilidad cuando le agarran la mano o en los masajes suaves de cabeza o pies? Puedes utilizar aceites de aroma suave para frotar con gentileza sus manos, sus pies, sus sienes o sus hombros. Esto puede ser muy reconfortante. Asegúrate de que tus manos estén tibias y de que la habitación esté lo bastante cálida para cualquier parte del cuerpo que descubras para el masaje.

- Considera que la deshidratación puede provocar que el tacto sea doloroso. Por tanto, el masaje debe ser extremadamente suave o, en este punto, simplemente no darlo. Tomar las manos, besar la frente y susurrar palabras de amor casi siempre es apropiado.

Después de que tu ser querido haya partido, es probable que aún desees lavar sus manos, peinar su cabello, tomar sus manos, besarlo o incluso recostarte a su lado. El deseo de tocar, o de evitar hacerlo, a los moribundos y a los muertos es único para cada individuo.

En el funeral en casa de mi suegro, mi hija de tres años de edad fue invitada a tocar a su abuelo muerto. Ella decidió no hacerlo. En lugar de ello jugó a su lado durante el tiempo en que su cuerpo estuvo allí. Ella lo decoró con cristales, colocó flores a su alrededor, alisó su sábana y cuidó su cuerpo, aunque nunca lo tocó.

Lugar alternativo

Puedes tocar a tu ser querido casi en cualquier situación (a menos que se trate de una enfermedad contagiosa). Para agregar una sensación de familiaridad, tal vez desees traer una cobija de su hogar para su cama.

4

Lo que hace
el cuerpo físico
antes de morir

Morir es sumamente laborioso. El trabajo que conlleva
(y es que se trata de un trabajo, del mismo tipo que el
trabajo de parto) es implacable, exigente.

STEPHEN JENKINSON, *DIE WISE*

Los elementos tierra, aire, fuego y agua en el cuerpo moribundo tiemblan, se inflaman, crepitan y fluyen... y poco
a poco cesan su actividad. Hay una pausa durante este periodo
cuando la vida finaliza y la muerte comienza. Este tiempo precioso
es el espacio donde ocurre la transición. Después del fallecimiento,
el juego de los elementos empieza de nuevo e inicia la ecología de
la muerte. Hay mucha actividad en el deceso, a pesar de que el
individuo yazca inerte en el lecho.

DOLORES Y MOLESTIAS

A medida que los sistemas del cuerpo comienzan a disminuir y dejan de operar, ciertos dolores surgen y luego desaparecen. Lo que en un momento puede ser doloroso, puede no serlo al siguiente. El dolor también puede durar. Asegúrale a tu ser querido que eso es perfectamente natural y ofrécele apoyo, medicamentos de soporte, reiki u otro trabajo corporal no invasivo, si es posible. Tu ser querido puede gemir y mostrarse agitado. Todo esto es normal. Imagina a una madre en intensa labor de parto o a la tierra cuando cambia y se queja debajo de la superficie.

Todos deseamos ayudar a aliviar el dolor y debemos hacer lo mejor que podamos. Aunque mucha gente encuentra que el apoyo herbal es útil en esta situación, muchos moribundos también deciden tomar analgésicos. La medicina integrativa es maravillosa. Si la persona que está muriendo recibe atención en una institución de asistencia, será fácil obtener medicamentos para el dolor. Comenta con el médico la cantidad apropiada de sedantes y medicamentos (y consulta las notas relevantes en el plan de muerte de la persona siempre que sea posible). Honra los deseos de tu ser querido y sigue tu intuición.

Que no te avergüence preguntar por la mariguana para uso médico. El THC suele ayudar mucho con las incomodidades del final de la vida, como el dolor y la náusea, y puede ser ingerida o utilizada como ungüento. Fumar no es la única manera de experimentar el alivio que ofrece el THC. Se puede comer en caramelos, usarse como mantequilla, prepararse en una paleta o en gomitas o administrarse en gotas debajo de la lengua. La "hierba" es cualquier cosa menos una planta molesta, ¡y no solo es para *hippies* o para jóvenes rebeldes! El componente no psicoactivo del cannabis, con muchos de los mismos beneficios, se llama CBD. Se sabe que algunos de los terpenos (aceites que dan a las plantas sus aromas característicos) ayudan con molestias derivadas de úlceras, artritis, trastornos gastrointestinales, depresión, dolores musculares y dolor crónico. Diferentes cepas producen distintos apoyos medicinales. Pide a un especialista que te ayude a analizar las opciones.

❧ Apoyo herbal

Un masaje o toque suave con un aceite natural (como oliva, sésamo o coco) mezclado con una o dos gotas de su aceite esencial favorito puede ayudar a aliviar el dolor, además del temor y la ansiedad. Pregunta primero: "¿Te agradaría un masaje?". Si la respuesta es "sí", puedes comenzar con una mano o un pie y luego avanzar hacia los hombros, el cuello y la cabeza. Sé muy suave en el masaje; haz movimientos lentos, uniformes y gentiles.

Tal vez desees aplicar árnica, un gel de alcanfor-mentol o crema para aliviar el dolor, el ardor o la inflamación de leve a media. Asegúrate de que ninguna sustancia mentolada toque alguna herida abierta y mantenla lejos de los ojos.

TEMPERATURA

A medida que el cuerpo humano se apaga, su temperatura fluctuará entre calor y frío. Se producirá un verdadero sistema climático, y no siempre consistente, en todas las partes del cuerpo. Con frecuencia el elemento fuego se elevará en forma de fiebre y alcanzará la cima justo antes del fallecimiento. Sin embargo, este suceso no necesariamente significa que la muerte es inminente.

Además de la fluctuación en la temperatura, algunas porciones de piel pueden cambiar de color. Conocido como "moteado", este fenómeno ocurre cuando el sistema circulatorio comienza a detenerse. Dependiendo del color de la piel y de cada persona en particular, el moteado puede ser o no ser visible con facilidad. También puede no ocurrir en absoluto.

🌿 Apoyo herbal

Puedes utilizar un paño húmedo (tibio o frío) en la frente, los pies o las manos. Las botellas de agua caliente pueden ser agradables, pero asegúrate de que no estén demasiado calientes. Se debe colocar un paño fino entre la botella de agua caliente y la piel. Si las colocas sobre el individuo, cuida que no sean demasiado pesadas. Si no estás seguro, simplemente colócalas al lado de la persona y acomoda su cuerpo alrededor de las botellas. No dejes una botella con agua fría o tibia sobre o cerca de la persona.

RESPIRACIÓN Y RITMO CARDIACO

Durante la muerte activa, el elemento aire desempeña una importante función. Quizá te enfoques en la inhalación de aire de la persona que está por morir, similar a la cuidadosa vigilancia de los padres a su bebé recién nacido.

La respiración puede volverse superficial y rápida o puede haber largas pausas de inmovilidad entre respiraciones. Lo mismo ocurre con el ritmo cardiaco. El corazón puede latir con rapidez o tan despacio que tal vez no sepas si aún sigue latiendo. Esto es normal. Si el moribundo parece estar consciente de esto, asegúrale que es perfectamente natural y que está haciéndolo muy bien. Si no puede respirar, acaricia la parte superior de su cabeza de forma rítmica mientras te enfocas en tu propia respiración. Tranquilízalo con suaves palabras de ánimo.

Es bastante común que se desarrolle un sonido de golpeteo en la garganta o el pecho. Puedes intentar ajustar la posición del cuerpo de tu ser querido girando su cabeza hacia la izquierda o la derecha o elevando sus hombros. En muchos casos, este sonido puede irritar más al cuidador que a la persona que está por morir. Si crees que tu ser querido experimenta dolor, incomodidad o irritación asociados con esto, puedes preguntar a una enfermera o médico cómo ayudarle.

En ocasiones, el moribundo comienza a jalar su ropa o sus sábanas. Por lo general esto se debe a la falta de oxígeno y a la sensación de restricción. Quizá seas capaz de soportar esta etapa con él, pero si se prolonga demasiado o crees que es indicativo de ansiedad, coméntalo con el médico o la enfermera.

Cuando la respiración del moribundo se vuelva difícil, concéntrate en tu propia respiración para centrarte y calmarte.

꩜

PRÁCTICA DE CONSCIENCIA PLENA
Regresando a tu respiración

Una práctica de meditación básica consiste simplemente en mantener tu mente consciente en tu ciclo de inhalación y exhalación. A continuación propongo dos simple variaciones. Ambas son herramientas que funcionan de maravilla en una situación en que necesites espacio, claridad y tiempo para separarte de pensamientos que mantengan tu mente cautiva.

1. *Inhala profundamente y exhala por completo. Repite estas respiraciones lentas y profundas antes de regresar a tu ritmo natural. Mantén tu mente enfocada en la respiración. Cuando un pensamiento entre en tu mente, explótalo como si fuera una burbuja o envíalo lejos en una nube y continúa enfocando tu respiración.*
2. *Inhalas energía pura, clara y calmante y exhala energía estancada, confusa o alterada. Repite.*

꩜

 Lugar alternativo

La respiración, el ritmo cardiaco, la temperatura y otras funciones corporales son monitoreadas de manera estrecha en una unidad de terapia intensiva. Podrás ver el ritmo cardiaco aumentar o disminuir, dígito por dígito. Si te es posible, mantente enfocado en el ser humano y no en las máquinas. Los aparatos pertenecen al reino médico, no al emocional. Tal vez puedas imaginar que las máquinas representan la historia de vida del individuo. Ha vivido subidas, bajadas y algunos momentos de estabilidad, pero en realidad ningún dispositivo puede monitorear cuán precioso es el momento presente.

COMIDA, DIGESTIÓN Y ELIMINACIÓN

En el cuerpo, los elementos de fuego de la digestión, la retención de líquidos y la liberación se entremezclan de manera esporádica durante la agonía. La diarrea, el estreñimiento y la náusea pueden ser incómodos o incluso causar dolor. Esto puede deberse a determinados medicamentos, enfermedades o cambios en el funcionamiento del cuerpo.

Si tu ser querido sufre incontinencia, puedes utilizar pañales o ropa interior desechable o lavable. Tal vez prefieras utilizar toallitas desechables (como las que son para bebés) o suaves paños lavables. Asegúrate de emplear una parte limpia del paño para cada pasada y siempre limpia desde la parte perineal frontal hacia atrás (en dirección del ano). Puedes rodar al individuo hacia un costado para retirar o colocar ropa interior para incontinencia o pañales para adulto (consulta las instrucciones sobre la sábana de apoyo más adelante en la sección de "Ropa de cama y postración", página 74).

Si sabes que la persona tiene la ropa interior mojada y notas que esto le causa irritación, avísale que le ayudarás a cambiarse para que pueda descansar con más facilidad. Si la persona ha estado inquieta durante largo tiempo y por fin ha logrado dormirse, no intentes apresurar el cambio de la ropa interior absorbente.

Si tu ser querido come menos o ha dejado de comer, habrá menos evacuaciones, después menos orina y luego muy poco o nada de ambos. Si la persona tiene un catéter, vaciar la bolsa es sencillo. Pide a una enfermera que te muestre cómo hacerlo en casa, cómo limpiar los conductos y cómo limpiar el área perineal del individuo.

Evacuar con otras personas alrededor puede ser humillante y hasta difícil (piensa durante cuánto tiempo fuimos entrenados para no orinarnos o defecarnos en los calzones). Considera salir de la habitación para que sus músculos puedan relajarse lo suficiente para dejar salir los desechos. Otras maneras de ayudar: abre una llave de agua o reproduce una grabación de olas del mar o de una cascada.

Este libro se enfoca en cuidados para personas postradas en cama, pero es posible hacer breves traslados a cómodas de cabecera, con la ayuda adecuada.

🌿 Apoyo herbal

Existe una variedad de enemas herbales que pueden administrarse para aliviar el estreñimiento. Sin embargo, necesitarás verificar con el médico pues algunas enemas, como el de café, pueden acelerar el ritmo cardiaco por la cafeína. La manzanilla es suave. Los de hoja de frambuesa roja, hierba gatera, vinagre de sidra de manzana o sales de Epsom también pueden funcionar muy bien. Asegúrate de emplear la dilución correcta para que el enema sea efectivo y también suave.

LAVADO DE MANOS

El lavado y la sanitización de manos es la mejor manera de impedir la propagación de gérmenes e infecciones y hace que todo se sienta fresco. Puedes mantener un sanitizante para manos cerca de la puerta de la casa o de la habitación, junto a la cama o en tu bolso.

❧

PRÁCTICA DE CONSCIENCIA PLENA
Lavado consciente

El lavado de manos es un momento para ti. Es una oportunidad de contemplar tus manos trabajadoras, de lavarlas con amor, de mostrarles aprecio por sus capacidades.

Tómate tu tiempo, agradecido por el agua, para masajear tus palmas y utilizar la mano opuesta para empujar tus dedos y muñecas hacia atrás para estirar esos ligamentos. Cuando laves entre tus dedos y debajo de tu uñas, visualiza que limpias los bolsillos olvidados de tu ser y envía tus tensiones hacia afuera a través de las puntas de tus dedos, para que se vayan con el agua.

❧ Apoyo herbal

Esta receta de sanitizante para manos es muy fácil de hacer. No está destinado como antiviral. (Los CDC recomiendan al menos un 60% de alcohol etílico para los desinfectantes destinados a matar bacterias y virus).

Refrescante de manos de hamamelis

Para esta receta necesitarás una botella con atomizador de 2 onzas con los siguientes ingredientes.

1 onza de hamamelis
½ onza de aloe vera líquido
½ onza de tintura de milenrama, agua destilada o vodka

(Receta continua en la siguiente página)

10 gotas de aceite esencial, como mezcla de lavanda, romero, limón, tomillo rojo, limoncillo o eucalipto

Mezcla los ingredientes en la botella con atomizador y agita bien antes de cada uso.

. . . .

Nota: Asegúrate de consultar con el médico supervisor u otro médico sobre el protocolo de seguridad adecuado para el cuidado de tu ser querido. En algunos casos pueden ser guantes u otro equipo de protección personal. A veces, aunque no se recomiende tomar precauciones sanitarias específicas, puede que prefieras llevar guantes cuando cambies la ropa interior o purgues los tubos de drenaje. Siempre es una buena idea lavarse bien las manos con agua y jabón antes y después de ofrecer cuidados físicos. Es conveniente instalar un lavamanos dentro o fuera de la habitación para las visitas. Un lavamanos bonito puede incluir un jabón antibacteriano que no desprenda un olor fuerte, ramos de flores cerca y una loción de hierbas para las manos. Cuanto más acogedora sea la zona la gente estará encantada de visitarla, lo que reducirá la propagación de gérmenes y virus.

. . . .

CUIDADO DE HERIDAS

Si el individuo a quien cuidas tiene vendajes, es apropiado cambiárselos para mantener limpia la herida. Los materiales necesarios para el cuidado de heridas (y guantes desechables, si deseas usarlos) están disponibles en una farmacia o para compra en línea.

Las heridas se limpian con suavidad desde dentro hacia afuera. Es importante que no adoptes posturas rígidas o hagas gestos mientras ofreces este cuidado, a menos que tengas una relación particularmente informal y cercana con la persona. Un poco de sentido del humor puede ser grandioso, pero asegúrate de no hacerla sentir avergonzada o incómoda.

🌿 Apoyo herbal

Según sea el tipo de herida y cómo la limpies dependerá el recurso calmante que emplees. Puedes utilizar una mezcla jabonosa suave o una solución salina; el agua de mar es sanadora. Si vas a preparar tu propia agua salada, siempre utiliza agua destilada (o agua del grifo hervida) y cuida que la sal esté disuelta por completo en el agua antes de aplicarla. Un ungüento calmante de caléndula que contenga hierbas antibacteriales, como lavanda o milenrama, es útil para raspones o cortaduras leves, pero no debes usarlo para heridas más profundas o supurantes. Recuerda que en este punto tal vez la sanación no sea tan notable, pero la limpieza y los efectos calmantes siguen siendo prioritarios.

BAÑO DE ESPONJA

Dependiendo de la condición de la piel de tu ser querido, el baño puede ser una tarea sensible y delicada. En especial la piel de las personas ancianas es muy delgada y puede rasgarse con facilidad.

Los moribundos no siempre reciben el baño con entusiasmo. A menudo puede dejarlos exhaustos y es fácil que se enfríen. Además, el baño es un momento de vulnerabilidad extrema porque es necesario exponer las partes de su cuerpo. Por todas estas razones, es vital que este sea gentil y suave, pero también muy rápido.

Explica a tu ser querido que es momento de bañarse, pero que no tiene que hacer nada, ¡ni siquiera levantarse de la cama!

Lava y seca cada parte del cuerpo con suavidad y cúbrela de inmediato, antes de continuar con la siguiente parte. Una vez que hayas finalizado y que la persona esté seca, retira las toallas húmedas que colocaste debajo y vístela. De esta manera, nunca estará desnuda o mojada por completo.

1. Primero, calienta la habitación tanto como sea posible y reúne los suministros. Necesitaras varias toallas de baño gruesas y absorbentes, algunas toallitas extra suaves, un conjunto de ropa o pijama limpia, un recipiente con agua jabonosa suave y un recipiente aparte con agua limpia (ambos deben estar entre 105 y 110 °F).

2. Cuando comiences, haz girar al individuo hacia un costado y luego hacia el otro para colocar toallas gruesas y absorbentes por debajo de su cuerpo. Luego haz lo mismo en el otro lado. Para mantener la discreción y al individuo caliente, desviste solo la parte que estás lavando, manteniendo el resto del cuerpo cubierto. Esto se puede hacer en cuatro segmentos. Comienza con la mitad superior de la persona manteniendo la parte inferior medio vestida o cubierta. Lava y seca un brazo y un pecho y la mitad del abdomen, manteniendo el otro brazo y el pecho cubiertos hasta que estés listo para comenzar por el otro lado. Repite la misma rutina para las piernas y los pies.

3. Utiliza una toallita extra suave para bañar con el agua jabonosa. Da golpecitos para lavar y humectar. Después, con agua limpia, enjuaga otra vez con golpecitos. Seca por completo con palmaditas suaves. No frotes ni talles. Asegúrate de limpiar las áreas de unión de piel con piel, como las axilas, las zonas debajo de los senos, los pliegues del abdomen y los muslos, las ingles y entre los glúteos. Ahí es donde las bacterias tienden a reproducirse y el área puede comenzar a oler o a lesionarse si no se limpia de

manera apropiada (o si la ropa interior absorbente de la persona impide que su piel "respire").

4. Una vez el baño esté listo y la persona seca, retira las toallas húmedas debajo del cuerpo y vístelos.

Una vez más, este libro está enfocado en el cuidado en postración, pero tal vez sea posible realizar breves traslados a un cómodo cercano para el momento del baño, con suficiente ayuda. En esta posición, tal vez puedas utilizar un bidé manual, ya que fluye más el agua que en un baño de esponja. Cubre los hombros de la persona con cobijas o toallas mientras la bañes sentada en el cómodo.

Lava y atiende los pies con mucho cuidado. Limpia y seca por completo la piel entre los dedos. En algunas culturas, esta es una preparación para el viaje que el moribundo pronto iniciará. Envolver las manos o los pies con paños tibios que hayan sido aromatizados o calentados (o ambos) puede ser muy tranquilizante entre baños.

🌿 Apoyo herbal

Agrega unas cuantas hojas de romero, lavanda, caléndula, milenrama, manzanilla o cualquier tipo de albahaca en el agua caliente para el baño. El aroma puede ser maravilloso tanto para el cuidador como para el receptor. Si la persona tiene sensibilidad olfatoria, omite las hierbas aromáticas. En lugar de ellas puedes utilizar hierbas sin aroma, como caléndula, violeta y pamplina. Asegúrate de que ninguna parte de las hierbas o flores se adhiera al paño para el lavado.

Para el cuidado del perineo, puedes mezclar agua pura de rosas con agua destilada para limpiar esa área tan sensible. La mezcla de agua de rosas con agua destilada es un poco astringente y limpia y nutre la piel. También puedes emplear otras aguas herbales destiladas (se conocen como aguas florales o hidrosoles).

HUMECTACIÓN

El aceite de coco es un grandioso humectante para la piel en climas cálidos o cuando se entibia la temperatura de la habitación. En climas más fríos, una buena opción es un ungüento de caléndula o CBD (consulta la receta en este libro). El aceite de oliva o de sésamo puede ser agradable, pero asegúrate de que tu ser querido no quede demasiado "resbaloso". No humectes entre los dedos de los pies.

ROPA DE CAMA Y POSTRACIÓN

Las almohadas, las sábanas y las toallas se convertirán en las mejores amigas del cuidador. Si una de tus tareas es mantener limpia la ropa de cama, considera que esas prendas hacen toda la diferencia para mantener un ambiente sanitario y confortable. Las almohadas de apoyo son muy útiles. Si es posible, utiliza un cubrecolchón a prueba de agua y protectores impermeables para las almohadas.

Para evitar tener que cambiar toda la ropa de cama cada vez que se ensucie, usa dos capas de sábanas, de manera que puedas retirar una capa con facilidad y contar con otra limpia debajo. También puedes colocar protectores absorbentes, desechables o lavables debajo de la cadera del moribundo.

Es probable que te resulte útil colocar una "sábana de apoyo" debajo del tronco del paciente. Puedes utilizar una sábana de tamaño individual y doblarla por la mitad o en tres partes, de manera que solo sea del tamaño del tronco. Con la ayuda de otra persona, sujeta cada esquina de esta sábana para mover y girar con más facilidad a la persona postrada. Esto funciona mejor si la persona que está por morir yace en una cama individual o de hospital. Puedes utilizar una sábana de apoyo en lechos más grandes, pero será necesario que te arrodilles sobre la cama, junto al paciente, y esto puede lesionar tu espalda.

Puedes utilizar la sábana de apoyo cuando cambies ropa de cama sucia, para mover a la persona hacia arriba o hacia abajo en el lecho, para girarla de un lado al otro o para cambiar la ropa interior para la incontinencia. Este es un trabajo para dos personas, cuando menos, si trabajas con adultos. Si atiendes a un adulto de talla pequeña o a un niño, una o dos personas pueden hacerlo. Asegúrate de alisar las sábanas antes de ajustarlas para evitar llagas.

Si la cantidad de ropa de cama es limitada y no puedes utilizar una sábana de apoyo, solo gira al individuo hacia un lado o hacia el otro con tus manos para limpiarlo y cambiarlo. Sin embargo, es probable que se suba o se baje sobre la cama y una sábana de apoyo impedirá que tengas que levantarlo con un esfuerzo físico mayor.

Si la persona que está por morir está inmóvil por completo, gírala con suavidad hacia un costado y luego hacia el otro, un par de horas después. Esto puede ser útil para establecer un horario o recordatorio de algunas tareas rutinarias de cuidado, pues el día y la noche se confunden entre sí y el tiempo se sale de la realidad ordinaria.

Usa almohadas para amortiguar las extremidades del moribundo. Yo he descubierto que cuatro almohadas son muy útiles cuando la persona yace de costado: una debajo de su cabeza, otra en la espalda como apoyo, otra más entre las piernas para evitar que rocen y dar apoyo a las caderas y la última bajo el brazo, como si abrazara un osito de peluche. Cuatro almohadas también son útiles cuando la persona yace de espaldas: una debajo de la cabeza, otra bajo las rodillas y una debajo de cada brazo. Esto ayuda a dar soporte a todo su cuerpo y para impedir llagas posturales. Puedes utilizar una quinta almohada o toalla enrollada para elevar los talones de la cama, de manera que no toquen la sábana. Mucha presión se concentra en los talones cuando un individuo está postrado y puede causar gran dolor.

📍 Lugar alternativo

Los enfermeros en los hospitales y en las instituciones de asistencia son expertos en mantener una cama limpia y cómoda para la persona que yace en ella. Sin embargo, esto no significa que no puedas solicitarles permiso para ayudarles, si así lo deseas.

QUÉ EMPACAR EN UNA MALETA PARA EL HOSPITAL

En ocasiones tus planes salen volando por la ventana y, sin esperarlo, te encuentras en un hospital. El moribundo puede caerse al salir a dar un paseo y una ambulancia se lo lleva o un pariente que no vive en la ciudad, cuya relación familiar y legal es cercana con el individuo, decide que debe brindársele más atención o que la situación en casa es inadecuada. Estas cosas suceden. He sido coordinadora de eventos durante veinte años, así que me gusta prepararme para el plan B siempre que sea posible.

He aquí algunas sugerencias para que el cuidado agudo de la muerte se sienta un poco más holístico (gran parte de lo que refiero aquí se explica en alguna otra parte del libro). Puedes empacar por adelantado algunas de estas cosas en una maleta que puedas tomar con facilidad para una partida rápida. Agregarás otras, según las necesites.

Para la persona que está muriendo:

- Instrucciones anticipadas o testamento vital para consultarlo
- Estuche con artículos para el arreglo personal
- Maquillaje y barniz para uñas (si la persona desea aplicárselo)
- Colcha o ropa de cama (algo pequeño, ligero y lavable)
- Sal y un recipiente, para ceremonia que absorba la energía negativa

- Aerosol protector, sin aroma

- Aceites esenciales (si no están prohibidos por las políticas del hospital)

- Cubos de hielo y tal vez caldos preparados en casa (en una hielera)

- Ungüentos, bálsamos para los labios, humectantes

- Aceites para masajes

- Altar portátil (fotografías, piedras especiales, velas de led)

- Un atuendo completo y zapatos para vestirlo después de morir

Para el cuidador/doula:

- Estuche de artículos para el arreglo personal y productos de baño

- Un cambio de ropa

- Zapatillas o zapatos cómodos

- Medicamentos o vitaminas

- Tés favoritos para tranquilizar o revigorizar

- Bocadillos no perecederos

- Botella de aerosol o gotas de bíteres para agregar a las bebidas, para ayudar a la digestión

- Almohadilla de viaje para el cuello (en caso de que tengas que dormir sentado)

- Libro, rompecabezas o algo que relaje tu mente si necesitas un descanso

- Cargadores electrónicos

. . . .

La dulce Annie

Para mí fue una bendición trabajar para una mujer llamada
Annie al final de su vida. Desde luego siento esto por cada
persona que me abre las puertas a su mundo durante
sus más vulnerables días en esta tierra. Sin embargo,
por primera vez fui testigo con Annie de algo que nunca
había presenciado.

El 6 de julio, Annie se enteró de que padecía cáncer
de páncreas en etapa IV. A pesar de haber sufrido algunas
molestias estomacales generales, por ningún motivo había
pensado que tenía cáncer terminal. Era una maestra muy
activa, vivía su vida con total felicidad y su calendario como
maestra estaba copado hasta el otoño del año siguiente.
Después de recibir este diagnóstico, se tomó algunos días
para contemplar su situación y hablar con sus amigos. El
13 de julio me contactó para preguntarme sobre mi trabajo como doula para la muerte y me contrató cuatro días
después. Sonriente, me dijo: "Tenemos mucho trabajo por
hacer porque ya me voy de aquí".

Con toda atención revisamos mi cuestionario de cuarenta páginas y mi cuadernillo de información sobre el
proceso de morir, la muerte y las disposiciones pertinentes. Durante las siguientes dos semanas, ella leyó cada
sección y la asimiló a su propio tiempo. Se concentró en
cada segmento del cuadernillo por sí misma y fue capaz
de redactar su propio obituario, planear su funeral y
ceremonia fúnebre y eligió el método de disposición de
su cadáver que mejor correspondiese a su estilo de vida.
Eso fue todo. Su documentación para el final de la vida
estaba completa, su negocio se había vendido y ella se
despidió; incluso celebró una "fiesta de despedida" privada en su casa.

Nunca había trabajado tan rápido como doula para la muerte para asegurarme de que todo estuviera en orden. Cuatro semanas y 450 correos electrónicos después, Annie yacía tranquila e inmóvil en su cama, en su propio hogar, como un ángel dorado (o como los dientes de león que ella amaba tanto).

Este es el resultado de una buena anidación para la muerte. Dado que ella no dedicó tiempo a negar su próxima partida, pudo evaluar sus opciones para la disposición de sus restos mortales con curiosidad y fue capaz de protagonizar el primer sepelio verde en el cementerio de su localidad. Como herborista, comprendió a la perfección el don de la vida que ofreció a la tierra con su cuerpo.

Nadie puede negar que la partida de Annie fue exquisitamente llena de gracia. A pesar de no tener pareja ni hijos (y de que sus hermanos vivían en otro estado), ella estaba rodeada por una comunidad de seres humanos atentos, amorosos y conscientes que cuidaron de ella a través del proceso de morir (y continuaron con los arreglos que siguieron a su fallecimiento).

En mi trabajo, con frecuencia recuerdo la importancia de la anidación para la muerte como parte de la vida. Morir como una persona "sin pareja" representa numerosos desafíos. Uno se pregunta qué cuidado se le dará a su cuerpo después de morir. Algunas personas se han vuelto tan capaces de vivir un estilo de vida en soltería que encuentran difícil aceptar la ayuda de otros. Dicho lo anterior, existen muchas personas que tienen pareja y esa persona muere primero. También sucede que una separación o enfermedad inesperada impide que ese cuidado sea una posibilidad.

Debemos cuidarnos los unos a los otros. Así como hace falta una comunidad para criar a un niño, hace falta una comunidad para asistir a un moribundo. Así como debemos practicar la anidación para la muerte en nuestras vidas diarias, debemos considerar la anidación para la muerte como comunidad, de manera que estemos preparados para apoyarnos unos a otros.

. . . .

❧ Apoyo herbal para Annie

Incluso postrada en su lecho de muerte, Annie impartía clases sobre las hierbas. A través de un amigo suyo que canaliza a un ángel, Annie transmitió esta información a su círculo de amigos y solicitó que fuera compartida: cuando sea evidente que la muerte se acerca, mezclar tres partes de tintura de equinácea con cinco partes de agua. Administrar dosis de una cucharada completa cada hora. El resultado es calmante y útil, incluso con fuertes analgésicos como la morfina para los dolores del cáncer. La equinácea, tanto la homeopática como la alopática, potenciará el efecto de la morfina sin apresurar la muerte.

5

Mente, espíritu y emoción en el proceso de morir

El tiempo nos hace viejos; la eternidad nos mantiene jóvenes.

MEISTER ECKHART

Los sentimientos de ansiedad y temor son comunes a medida que la muerte se aproxima. Esto es normal y esperado. Asegúrale a tu ser querido que está haciéndolo bien y motívalo a recibir esas preocupaciones con gentileza, a compartirlas, si lo desea, y a estar consciente de que es amado.

No hay manera de reparar cada corazón roto, preocupación o arrepentimiento. Si prestamos atención a la anidación secreta que está ocurriendo, la vida de la persona moribunda es algo en lo que nosotros como cuidadores no podemos participar simplemente con organizar sus documentos o razonar algunos temas. Existen algunas áreas que nosotros no podemos tocar. Puedes decir al individuo que cuidarás a sus hijos o a sus seres queridos, lo cual es una oferta reconfortante; pero lo que él siente es la pérdida de la capacidad de hacerlo por sí mismo. No es poco frecuente extrañar la sensación de sentirse atractivos o echar de menos el sexo. Algunas personas han organizado sus vidas alrededor de haber sido deseadas por otros individuos y ahora el foco no involucra a nadie más, sino a ellas mismas. Puede abrirse un agujero que exponga sentimientos de soledad y de sentirse excluidas. "El mundo seguirá sin mí" es una dolorosa declaración y no hay manera de que nosotros, como cuidadores, podamos negarla.

A pesar de que esta es una de las angustias más complicadas en la labor mental de morir, si la persona puede respirar profundo y disolverse en ella, puede convertirse en una liberación orgásmica. El "tú" que uno piensa que es está a punto de fundirse con todo lo que alguna vez ha amado, de una manera que ningún dolor puede tocarlo.

Esta es una contemplación relevante para que nosotros, los cuidadores, nos examinemos y podamos darle ese consuelo al que está muriendo.

La siguiente reflexion para el cuidador puede ser útil para mantener la empatía por el que está muriendo y al mismo tiempo reconocer que este momento nos llegara a cada uno de nosotros.

❧

PRÁCTICA DE CONSCIENCIA PLENA
Práctica de perímetro

Una contemplación que puedes realizar se llama "práctica de perímetro". Este término es mío, además de ser una meditación que he adaptado a partir de una práctica que aprendí en mi comunidad budista, hace alrededor de una década. Sin advertirlo me involucré en esta práctica para autocalmarse como madre adolescente. Mientras todos mis amigos exploraban el mundo, asistían a la universidad y celebraban fiestas, yo estaba en casa, cantaba a mi pequeño bebé e intentaba mantener la lactancia bajo control. Me alegra mucho que las redes sociales no fueran tan relevantes en ese tiempo porque hubieran intensificado mi sensación de ser excluida al ver todas las fotografías de mis amigos viviendo la vida salvajemente. O, por el contrario, tal vez no me hubiera sentido tan sola porque hubiera podido conectarme con otras mujeres jóvenes que tenían hijos. En cualquier caso, me alegra que entonces no fueran una opción porque ese periodo fue un tiempo de enorme crecimiento para mí.

La práctica original en mi comunidad budista está dirigida a personas que deben "cumplir con su deber" o estar en el trabajo y atender responsabilidades mientras otras personas celebran o están en lugares donde uno preferiría estar. Sin embargo, también la he aplicado a la contemplación de la muerte. El objetivo de la práctica es permanecer en el momento presente, mirar directamente la experiencia y relajarse, con el fin de encontrar alegría en la propia vida y situación. La muerte puede percibirse como la versión por excelencia de sentirse "excluido", pero esa solo es una perspectiva. Cuando tú eres excluido de algo, te incorporas a otra cosa. Esto puede ser profundamente reconfortante.

Puedes realizar esta práctica como meditador principiante y puedes continuarla a lo largo de toda tu vida. Recomiendo realizar este ejercicio de forma periódica y no solo como parte de la anidación para la muerte, sino como una manera de concientizar cuán preciosa es tu propia vida. Este ejercicio también puede ayudarte a empatizar con la persona en proceso de morir; solo ten cuidado de nunca presumir que "sabes por lo que está pasando". Esta práctica requiere que seas muy gentil contigo mismo (tal vez desees revisar la práctica de consciencia plena sobre la gentileza en la página 4, antes de comenzar esta práctica).

Comienza por tomar asiento en un lugar que sientas cómodo y (cuando menos) seguro.

Deja que tu mente divague sobre todo lo que valoras más en este mundo. Haz una lista. Pueden ser personas, lugares, objetos, sentimientos, inspiraciones, comida... todas las delicias terrenales.

Toma esa lista y menciona lo que sientes al perder cada una de esas cosas. Imagina que esas cosas están fuera de tu alcance, mientras toda la demás gente en el mundo puede continuar amándolas. ¿Qué sientes? Sé gentil, pero siéntelo a profundidad.

Practícalo de nuevo, una y otra vez. Practica sentirte fuera del perímetro.

Al adquirir el conocimiento de que estás o estarás separado de las cosas que más valoras de la vida, comenzarás a sentirte completamente aislado y solo. Pero esa soledad no es desolación. No es un espacio vacío.

De hecho, el siguiente paso en esta meditación es traer a tu mente todas las cosas por las que estás agradecido. Las cosas que aprecias de la vida: lo que has aprendido, las experiencias que has vivido y las personas a quienes has amado comienzan a balancear la sensación de separación y pérdida.

Después de un rato te darás cuenta de que estás bien. De hecho, quizá te sientas más feliz contigo mismo y con el mundo con esta nueva perspectiva de la vida. Tal vez descubras que no ansías algo tanto como antes o que sientes más aprecio por algo que amas. También te darás cuenta de que no necesitas esas cosas para ser feliz o, cuando menos, para estar bien. Estás bien, tan bien como cualquier otra persona que en realidad nunca ha necesitado esas cosas. De igual manera, cuando estés muriendo, estarás bien... tal como cualquier otra persona que haya muerto antes que ti.

❧❧❧

SUGERENCIAS PARA LA TRANQUILIDAD MENTAL

La calma mental puede ocurrir de muchas formas. Puede sentirse bien hablar sobre los acontecimientos de la vida a medida que se desarrollan. Algunas personas encuentran consuelo al hablar sobre dolencias que otros tienen en lugar de enfocarse en las suyas. La calma también puede ocurrir al alejarnos de los dolorosos desafíos que tenemos por delante. Al trabajar con alguien, puede ser útil definir vagamente qué está causando angustia y partir de ahí. Si es difícil hablarlo directamente, puede ser con una pregunta como: "¿Qué se sentiría bien si haces/ves/hablas ahora mismo?". Intenta investigar desde otro ángulo. Por ejemplo, busca señales emocionales cuando le preguntes sobre un cuento infantil favorito o el tipo de actividades en las que su nieto está interesado. Abrir una ventana para dejar entrar el canto de los pájaros podría levantar el ánimo del moribundo e invitar a una conversación sobre los tipos de aves en los árboles. Aquí hay algunas sugerencias adicionales para la calma mental:

- Lee los libros favoritos de la persona moribunda en voz alta o conversen sobre buenos momentos del pasado.

- Escuchen su música favorita. Tal vez la música rítmica sirva para hacerle sonreír; quizá la música melancólica sea necesaria para provocarle lágrimas saludables.

- Llama a un capellán, doula para la muerte o miembro del clero, si resulta apropiado.

- Cubre o retira los espejos si la persona que está muriendo prefiere no ver su reflejo. Al morir, no solo cambia nuestra apariencia sino nuestra percepción sobre ella. Además, aferrarnos a cómo lucimos y a "quiénes somos" no es particularmente útil al momento de morir.

- ¿Hay algo que la persona que está muriendo necesite compartir con alguien? Toma notas y entrega los mensajes. Si así lo desea, puedes implementar un "tiempo de liberación"; es decir, que la nota será entregada después de que la persona haya fallecido.

- ¿El moribundo tiene algún deseo final? Tal vez un viaje a la India sea lo que siempre deseó hacer. Con la tecnología, uno puede viajar lejos sin levantarse de la cama. ¡Tal vez una transmisión en vivo desde la India o una conversación con alguien que esté allá sea posible! Reproduce música tradicional de aquel país u organiza que alguien toque en vivo en la habitación. Pide un chai o un platillo preparado especialmente para la ocasión con aromático arroz, curry y leche de coco. Incluso si la persona ya no come, la música y los olores de las especias lo harán sentir que se ha acercado un paso más a su deseo. Piensa con creatividad sobre lo que tienes a la mano y lo que es posible.

- ¿Hay mascotas que deberías acercarle? No hay nada como un cuerpo peludo para aportar consuelo, si el animal está dispuesto.

- ¿La persona está preocupada por lo que se hará con su cuerpo después de la muerte? Averigua sobre las opciones de disposición en tu estado o provincia y pregunta a tu ser querido qué prefiere. Muchas personas desean saber lo que se hará con su cuerpo, pero sienten mucho miedo de hablar al respecto.

- ¿Le agradaría pasar un rato a solas? ¡A menudo, la gente aprovecha la oportunidad y muere cuando el acompañante sale de la habitación! En algunas ocasiones podemos percibir esta necesidad y dudaremos si debemos dejar solo al individuo o no. Siéntete tranquilo porque cada persona muere a su manera y nosotros, como cuidadores, debemos permitir que eso suceda.

- Si la persona aún puede beber, una taza de leche tibia (cualquier tipo de leche que prefiera) y un poco de masaje en la espalda pueden ser tranquilizantes. Yo utilicé esta sencilla técnica en mis turnos de noche en una institución de asistencia con residentes ancianos que se mostraban inquietos a mitad de la noche.

- En algunos casos la redirección puede ser útil y apropiada. Esto implica guiar los pensamientos del moribundo hacia algo que les provoque consuelo y paz mental. Puedes preguntar: "¿Te agradaría un masaje de manos?" o comentar: "Esta fotografía de tu madre es realmente adorable".

- Las instituciones de asistencia cuentan con medicamentos alópatas que pueden ayudar con la ansiedad. Pregunta al médico.

- Silencio. Algunas veces, el simple silencio es perfecto.

Apoyo herbal

La lavanda o cualquier otro aceite esencial favorito puede transformar el momento y ayudar a la persona a sentirse más tranquila. Consigue un aerosol de aromaterapia para la habitación, con un aroma de larga duración, o coloca una gota de aceite esencial en el cuello de la camisa o en la almohada (evita los ojos y las membranas mucosas).

Cualquier recurso que promueva el sueño es útil, como un par de gotas de tintura de raíz de valeriana, lúpulo o extracto de CBD debajo de la lengua.

PSICODÉLICOS Y LA REALIDAD VIRTUAL

Culturas indígenas de todo el mundo han practicado rituales curativos con plantas y hongos psicodélicos durante milenios. El uso de estos medicamentos ofrecían perspectivas que de otro modo no se verían ni se sentirían, y las medicinas eran respetadas como grandes maestras.

Las investigaciones científicas apoyan cada vez más el uso de la psilocibina para aliviar la depresión y la ansiedad crónicas al final de la vida, particularmente para pacientes con cáncer. La psilocibina está cada vez más disponible en la medicina y un creciente número de personas la utilizan y se benefician de ella. En estos casos, la experiencia de cada persona debe apoyarse en educación y preparación, dosis correcta, una declaración de intención y una cuidadosa supervisión. La Asociación Multidisciplinaria de Estudios Psicodélicos (MAPS) es una fuente confiable de información.

Algunas instituciones, como la Universidad John Hopkins, también investigan el uso de las sustancias psicodélicas en medicina. Universidad Naropa de Colorado ofrece certificación de terapias asistidas por psicodélicos. Por muy emocionante que sea que estas modalidades terapéuticas son cada vez más aceptadas, creo que es importante recordar y honrar el hecho de que las culturas antiguas y los pueblos indígenas han estado usando medicinas psicodélicas desde hace mucho tiempo antes de la historia registrada. Así como el trabajo de la doula de la muerte no es nuevo, tampoco lo es esta forma de medicina.

He apoyado a personas moribundas a través de sesiones seguras con medidas coordinadas y he sido testigo de los beneficios de la psilocibina, como una conectividad espiritual y una tranquilidad que de otro modo no han sido posibles. (Aunque, cerca de la muerte activa, es difícil saber qué tipo de magia experimentan los moribundos poco comunicativos en sus propios procesos naturales). Una compañera de trabajo que padecía depresión crónica se fue destetando de su medicación para la depresión y luego, con la aprobación de su médico, participó en una sesión de psilocibina conmigo como su doula. Durante las tres semanas siguientes a la sesión no necesitó antidepresivos y comenzó a disfrutar de su vida. Cuando la rutina diaria de enfermedades terminales resulta debilitante emocionalmente, unas vacaciones de tres semanas son un gran consuelo.

También he sido testigo de los beneficios de microdosis. Se pueden encontrar gran consuelo en pequeñas dosis medicinales y sin tener una experiencia de "viaje" completa.

Aunque los psicodélicos pueden no ser una forma cómoda de tratar la depresión y la ansiedad en todo el mundo (por diversas razones), la tecnología ahora ofrece una alternativa que simula una experiencia psicodélica suave. He tenido la experiencia única de ser asesora y facilitadora de sesiones para una empresa emergente de realidad virtual cuyo objetivo es reducir la ansiedad y terror existencial del diagnóstico terminal y conectar seres queridos aunque estén muy lejos físicamente. Aunque la experiencia no es tan trascendental como una experiencia psicodélica, porque la realidad virtual es diferente al entorno cotidiano, y los participantes en la experiencia aparecen como un "cuerpo de nube" en lugar de una forma humana física, las posibilidades de curación son ilimitadas. Se vuelve muy claro hasta qué nivel nuestra apariencia física, expresiones faciales y lenguaje corporal impide nuestra capacidad de escucharnos mutuamente. En el entorno terapéutico de la realidad virtual, he sido testigo de profunda conectividad entre humanos en un momento en el que expresar sentimientos puede ser un obstáculo debido a problemas físicos o límites emocionales. En este espacio tranquilo y seguro, las personas y los grupos se unen de una manera significativa que sana y cambia vidas.

Actualmente es probable que no puedas obtener psilocibina para el moribundo, pero puedes preguntar al médico de cuidados primarios.

ESCUCHAR

En ocasiones, todo lo que una persona necesita es alguien que la escuche. Por fortuna, tú no necesitas ser terapeuta, médico o solucionador de problemas para ser un buen oyente.

El tipo de escucha necesaria es extremadamente íntima. Es espaciosa, libre de juicios y llena de amorosa curiosidad. Escucha sin juzgar lo que se te dice y sin una opinión que quieras imponer. Escucha las palabras, contempla el movimiento de los ojos, nota lo que la persona hace con sus manos y observa lo que expresa con tu corazón. Puede parecerte difícil; incluso si lo que el moribundo dice no parece ser "importante", cada palabra y sonido que murmura es importante porque sus cuerdas vocales no vibrarán por mucho tiempo más. Las últimas palabras harán eco en el universo y nosotros las reproduciremos en nuestra memoria. Asimílalo y escucha de verdad.

- Tal vez desees grabar lo que la persona dice. Obtén su permiso siempre que sea posible y ten presente que en otras ocasiones tal vez no sea apropiado. Pueden existir mensaje para seres queridos que se expresen de manera desordenada o con palabras revueltas que, sin embargo, tendrán perfecto sentido para quien sea el destinatario del mensaje.

- ¿Hay algo o alguien que haga falta y que pudiera ofrecer consuelo a la persona que está por morir? Al escuchar de forma activa, quizá seas capaz de identificar cosas que esa persona ni siquiera sabía que desea o necesita.

- ¿Le gustaría a esa persona que escribieras cartas o breves notas en su nombre para entregarlas a otros individuos después de su fallecimiento? ¿Hay ciertas experiencias que le gustaría compartir en voz alta antes de morir? Pídele que cuente historias que desee que sean recordadas (y grábalas, si la persona lo desea). ¿Cuáles son los cabos sueltos que quisiera ayudar a anudar?

- Desde luego, pon música. Siempre hay música. Tal vez el ritmo constante de un tambor o las cuerdas de un arpa. Cuando cesan las palabras y solo queda el oído, pienso en esta hermosa frase de la abadesa benedictina Hildegarda de Bingen, del siglo XI: "Cuando llegan las palabras, solo son cáscaras vacías sin la música. Solo viven al ser cantadas, pues las palabras son el cuerpo y la música es el espíritu".

CONSUELOS ANCESTRALES

El estudio de mis antepasados ha revelado todo un mundo oculto de conexión. Me siento un ser humano más completo con una red tipo micelio de relaciones de sangre que me rodean, a pesar del tiempo y la distancia. Me siento como un ser más sabio y antiguo después de conocer más acerca de la tierra sobre la cual caminó mi sangre y mi carne. Estudié la historia del noroeste de Irlanda y el sureste de Finlandia para averiguar enfermedades, guerras, hambrunas y disturbios que asolaron a la gente de allá y pude adivinar por qué se aventuraron a Norteamérica. Mientras investigaba registros de muertes, pude ver enfermedades que arrasaron hogares y los fallecimientos de muchos bebés y niños, en especial durante Gorta Mór, la gran hambruna que azotó Irlanda entre 1845 y 1849.

Antes de estudiar los senderos de mis antepasados, me sentía simplemente intrigada por Irlanda (¡adoraba los castillos, las arpas y las hadas!). Cuando viajé a Irlanda para buscar mis tierras ancestrales, contaba con todo un itinerario planeado que incluía el estudio de las *banshees*, los pozos sagrados y los castillos embrujados. Sin embargo, algo muy distinto ocurrió a mi llegada. Bajé del avión y lloré. Percibí una debilidad extrema en mis rodillas y apenas pude pasar por la aduana. Sentí el profundo dolor de la tierra y de la gente y, al mismo tiempo, la abrumadora felicidad de haber "regresado a casa". Nunca abrí el tan planeado itinerario.

Con la ayuda de una maravillosa mujer irlandesa llamada May y de un útil caballero en el pueblo del que yo sospechaba que provinieron mis ancestros, encontré la propiedad exacta de mi familia (que databa, cuando menos, de principios del siglo XIX). Estaba abandonada desde mucho tiempo atrás, pero pude entrar por la puerta abierta. El suelo estaba cubierto por varios centímetros de estiércol de ovejas y las paredes estaban revestidas de musgo. Miré el interior del hogar intacto donde se preparaban los alimentos y estuve en la habitación donde nacían los bebés y morían los enfermos y los viejos. Mis parientes estuvieron aquí, mi familia cuya historia sigo descubriendo después de meses de buscar en microfilmes, mapas antiguos, listas de pasajeros emigrantes e inmigrantes y registros de iglesias y censos. La línea sanguínea de mi madre contiene recuerdos de epidemias de cólera, hijos adoptivos, nombres cambiados, asilos para gente desposeída y manicomios. Es muy probable que nunca sepamos las historias completas de esas vidas. Mi familia y muchas otras en Irlanda celebraron despedidas definitivas en los muelles o en Droichead na nDeor, el puente de las lágrimas, sabiendo que era probable que nunca volvieran a ver a quienes partían a América en busca de una vida mejor.

Esta es la tierra y estas son las historias de los encantamientos, las casas abandonadas y las aullantes mujeres cuyo dolor y angustia fueron labrados en los mismos campos que nutrieron sus cuerpos. No necesité un mapa para hacer un viaje por la "Irlanda embrujada". Solo necesité respirar el aire y tocar las rocas para ver, escuchar y sentir fantasmas por todas partes. Estas son las *banshees* de mi familia y está claro que la memoria celular y la epigenética tienen una función clara en mi vida, con extraños e irracionales temores. Estoy mejor en este día presente por conocer los dolores de mi pasado.

Tuve la fortuna de contar con parientes que pudieron aportar pequeños trozos de información acerca del lugar de donde creían que eran mis bisabuelos. Me di cuenta de que este no siempre es el caso. Las personas que son adoptadas, que nunca conocieron a uno de sus padres o a ambos o cuyos ancestros fueron esclavos pueden tener complicaciones para averiguar estos detalles.

Los análisis de ADN, ahora disponibles por doquier, pueden proporcionarte una línea de tiempo e indicar de dónde provinieron tus antepasados. Puede ser maravilloso sentir que nunca estuviste y nunca estás solo. Tus ancestros tuvieron historias; tú tienes una historia y esa historia es importante. Si no hubiera estudiado la historia de mi familia, nunca hubiera descubierto que la línea sanguínea finlandesa de mi padre es sami, en gran medida, y que conserva los traumas que los colonizadores infligieron en los pueblos sami nativos de Finlandia. Aunque aún no he visitado aquel territorio nórdico en persona, puedo permitir que mi imaginación y mi corazón se conecten con las dificultades que mis ancestros experimentaron y ofrecer gentileza y empatía a otras personas cuyos pueblos han sido duramente diezmados por la colonización. La línea ancestral de cada persona incluye diversos grados de trauma; algunas incluyen esclavismo, genocidio, guerra, y otras contienen historias de haber sido tanto colonizadoras como colonizadas.

Tanto para el moribundo como para sus familiares, tomarse el tiempo de rendir homenaje a los antepasados puede parecer un bálsamo para el corazón. La distancia del tiempo permite espacio en el dolor y puede ayudar a normalizar lo que está pasando. Puede servir como recordatorio, incluso un reconocimiento y vínculo entre quien yace en la cama y el que está al lado; que desde la perspectiva espiritual no hay diferencia entre sano y débil en el gran ciclo de la vida.

Es importante sentir esta conexión en tu lecho de muerte, el hecho de que tu existencia en la tierra es tan importante como la de aquellos que estuvieron vivos y murieron antes que tú. A medida que el velo entre los vivos y los muertos se vuelve más tenue, muchas personas tienen visiones de sus seres queridos fallecidos. Este es un suceso común que con frecuencia notan las personas que cuidan a los moribundos.

No es necesario poner un pie en tu patria ancestral, tampoco siempre es apropiado o fácil realizar pruebas de ADN. Conéctate con tus antepasados escuchando la música tradicional de tu tierra ancestral, sostén un objeto que alguna vez perteneció a un pariente mayor, mira un mapa, fotografías o arte e imagínate un tiempo en que tus antepasados vivieron allí. Si tus antepasados vivieron en la misma tierra en la que resides, escucha los cuentos de los árboles que estuvieron allí. La mayoría de los árboles viven mucho más que el ser humano promedio, algunos fácilmente se remontan a cientos de años. ¡Oh, lo que han presenciado! El micelio bajo nuestros pies puede cubrir miles de kilometros y vivir durante miles de años. Durante el proceso de muerte la percepción humana mundana del tiempo y el espacio tiene poco peso. Para los moribundos, el tiempo y el espacio están tan estrechamente entrelazados con el espíritu que la conectividad a través de grandes distancias y entre especies es fácilmente posible. Con un simple deseo y un pensamiento imaginativo de la conexión ancestral puede ser suficiente para solicitar apoyo y amor desde todas direcciones.

ANUDAMIENTO DE LÍNEAS DE TIEMPO

Una comprensión del tiempo secuencial terrenal es algo que comienza a deslizarse a medida que se acerca la muerte. Por supuesto, los plazos también pueden ser un desafío para los cuidadores activos que han entrado en un mundo atemporal donde las comidas pueden consumirse en horarios extraños o saltarse accidentalmente. Sin embargo, mantener cierta consciencia de los eventos secuenciales puede ser fundamental y útil en momentos en que se toman decisiones mundanas importantes. A veces debemos trascender el tiempo terrenal para armar una línea de tiempo. Esto se puede hacer en trance o en estado de sueño despierto. A este trabajo lo llamo recuperación de la línea de tiempo. En esencia, es una revisión de la vida espiritual.

En un par de ocasiones he recuperado líneas de tiempo para moribundos. A pesar de que este no es un trabajo típico para una doula moderna para el final de la vida, también hago tareas de las doulas ancestrales del final de la vida que sanan en múltiples niveles, no solo el físico. Me siento bastante cómoda con esta labor y he viajado a través del tiempo y el espacio desde mis primeros recuerdos.

Un señor con quien trabajé estaba confundido acerca de los múltiples procedimientos médicos que recibía y no podía retener suficiente información para tomar decisiones claras. Continuaba afirmando que quería que "se hiciera todo", a pesar de estar muy próximo a morir y de que ya se le había informado que no había esperanza alguna de recuperación.

El médico, el equipo de cuidados paliativos y su hijo planeaban reunirse a la mañana siguiente para tener una conversación con él. No obstante, dado que no podía recordar los meses de visitas a la sala de emergencias, quimioterapia, deshidratación, doble neumonía, confusión total y desorientación en tiempo, espacio y lugar, él no entendía las razones por las cuales se le recomendaba renunciar al "código completo"; es decir, a todas las medidas que se tomarían para salvarlo y revivirlo, si moría. Quienes lo asistíamos nos sentíamos frustrados, empáticos y confundidos.

Esa noche, en un estado de sueño consciente, lo traje a mi consciencia y él llegó y permaneció allí por su propia voluntad (este no es y no siempre fue el caso). Yo tenía muy pocas referencias generales de su vida desde la infancia, pero contaba con lo suficiente para comenzar a "jalar el hilo" de cada evento para acercarlo. Uno tras otro, jalé los hilos para acercar los principales eventos de su vida hasta el día presente (y también jalé ese hilo). Hice lo mismo con cada hito, cada trauma mayor, cada movimiento alrededor del mundo y los até en su consciencia. Permanecer en este estado es extremadamente difícil (cuando menos para mí). Sin embargo, con una reunión tan importante planeada para la mañana siguiente, lo mantuve por horas, dado que su vida y su muerte dependían de ello.

En la mañana, su hijo reportó, después de la reunión, que el señor estaba más lúcido que como lo había visto en meses. El padre recordó eventos y formuló preguntas, para sorpresa y deleite de los presentes; comprendió por completo lo que se le preguntó; entendió que, en aquel punto, casi no había posibilidad alguna de que sobreviviera, pero cuando le preguntaron si aún quería que se hiciera todo lo posible para salvarlo, él respondió "sí". Eso me hizo sonreír. Su respuesta fue clara. Mi trabajo estaba hecho.

Crear una línea de tiempo visual con un individuo también puede ser una actividad útil. Puede hacerse con los moribundos o con las personas que han estado cerca de ellos durante largo tiempo. Algunas horas con personas a punto de morir son más claras y enfocadas en los eventos, mientras que otras transcurren en un universo alterno. Puede resultar útil, durante sus horas de estado alerta, mostrarles el lugar donde se encuentran en el curso de su vida, si puedes hacerlo. En ocasiones los ancianos se sorprenden por la edad que tienen. Es común que pregunten: "¿Cuántos años tengo?". Cuando les respondes, aunque sea un día o cinco minutos después, te miran como si pensaran: "¿Cómo sucedió eso? ¿Estás seguro?".

Sobre todo, no hagas que el moribundo (o alguna otra persona que sufra trastornos de la memoria) adivine tu nombre o un suceso y no intentes sacarle información. Si recordar el pasado es incómodo, enfócate en el presente.

SUEÑO, DESCANSO Y SEPARACIÓN

La gente que está muriendo suele dormir durante largos periodos, y eso está bien. Dormir y los estados parecidos al sueño son necesarios a medida que la persona está en transición de salida de la vida. Crear un espacio que favorezca el sueño es una meta principal del cuidado para los moribundos.

Los aromas, el sonido y el tacto pueden ser de utilidad extrema para producir un sueño reparador. En ocasiones estar a solas puede ser benéfico para la persona. Tú decidirás lo que te parezca mejor, en caso de que tu ser querido no sea capaz de comunicarse con claridad.

🌿 Apoyo herbal

Existen numerosos recursos herbales para dormir que son suaves y seguros al final de la vida. El cannabis que contiene THC es útil, al igual que el CBD (que contiene muy poco THC). El bálsamo de limón, la manzanilla y la raíz de valeriana sirven para preparar agradables tés. De igual manera, los aceites esenciales de lúpulo y lavanda pueden ser recursos maravillosos para ayudar a dormir. Puedes rociar aerosol en la almohada o agregar algunas gotas directamente en las sábanas. Puedes colocar hierbas aromáticas en un costalito dentro o cerca de la cama. A pesar de no ser un recurso herbal, la melatonina (natural o sintética) puede ser muy útil en algunas circunstancias, de manera que consúltalo con el médico.

TIEMPO, ESPACIO Y RITMO

Los ritmos circadianos no existen para quienes están por morir. El día y la noche, el tiempo y el espacio se funden y se separan a medida que la consciencia humana juega con la transición de salida del cuerpo. La persona que está muriendo puede estar más activa por la noche y desafiar tus límites como cuidador.

Cuando cubría los turnos de noche, a solas, en una institución de asistencia, con frecuencia tenía que estar en alerta máxima. Los residentes subían y bajaban, a veces inmersos en actividades parecidas a sueños alrededor de sus habitaciones. ¡Algunos que no podían caminar durante el día, de pronto recuperaban la capacidad de moverse por la habitación sin ayuda! Mi trabajo consistía en supervisar a cada residente cada dos horas. Cuando me asomaba para verlos, tenía que determinar si su comportamiento era lo bastante inofensivo o si debía intentar hacerlos volver a la cama. Las fases de la luna solían influir en los residentes. La luna llena, por supuesto, pero también descubrí el mismo nivel de actividad (y más extraño) durante la fase de luna nueva.

No te alarmes si tu ser querido de repente es capaz de hablar y recuerda un suceso lejano en el tiempo, para luego caer de nuevo en un sueño profundo. Tal vez invoque o vea a personas que han muerto; quizá te reporte que se siente ligero, pesado o en paz.

Este también puede ser un tiempo de desconocimiento. Puede no reconocerse como individuo y tal vez no sepa quién eres, a pesar de ser su compañía más cercana. Esto puede ser doloroso para ti. Intenta no tomártelo a pecho. Dile tu nombre; infórmale que estás allí para ayudarle. Busca otro hombro para llorar y ayudarte a superar ese dolor.

AYUDA ESPIRITUAL

He tenido el honor de velar cadáveres en mi comunidad budista. Cuidamos físicamente a nuestros muertos y nos sentamos con ellos durante tres días seguidos, hora tras hora. Hay un equipo pequeño que se encarga de cuidar al cadáver después de la muerte, pero es necesaria una comunidad, o sangha, en este caso, que asista y permanezca sentada allí. Esto no es raro; es lo que creemos que es útil para guiar a la esencia del ser a través del bardo. (El bardo es un estado entre la existencia y la no-existencia después de la muerte del cuerpo, mientras la esencia remanente del "tú" atraviesa por un proceso de transición).

Durante este tiempo de sentarte con el cadáver, es imposible no pensar en tu propia muerte. Durante el atardecer y la noche, solo estás tú (vivo) y un cadáver (muerto) en una habitación. He tenido algunos turnos en invierno cuando he sentido tanto frío que me he preguntado si es necesario mantener los implementos de enfriamiento. Al cadáver no parece importarle una cosa o la otra.

Crecí en una familia católica irlandesa y finlandesa que celebra velorios con ataúd abierto y con padres que nunca impidieron que yo viera un cadáver. Recuerdo el día en que mi abuelo murió, cuando yo tenía doce años. Mi madre me llevó con ella a la institución de asistencia para despedirnos de él. Fue extraño no verlo moverse y parecía que hubiera sido moldeado con cera. Las luces del techo estaban encendidas, lo cual no me ayudó a crear ningún tipo de estado de ánimo sentimental (tiempo después, el momento me pareció entre surrealista y muy real). Ese cuerpo solo era una forma. Mi abuelo se había marchado. En ese momento imaginé que se había evaporado. Mi madre me preguntó si quería besar su frente y lo hice. Esto también fue muy raro porque su piel estaba fría, pero no como si hubiera estado a la intemperie durante un día de invierno; mis labios no encontraron calidez debajo de la superficie. A pesar de que esas sensaciones y esos pensamientos eran desconocidos, no fueron temibles. Después de hablar regularmente con la gente acerca de la muerte y el proceso de morir, he descubierto que este tipo de sencilla intimidad con un cadáver, en especial en la infancia, no siempre es común.

He estado con personas que fueron religiosas durante toda su vida y que han decidido, cerca del fin, que Dios no existe o, si "Él" existe, lo cruel que debe ser por mantenerlos con vida cuando todos sus seres queridos murieron años atrás. También existe el opuesto exacto: personas que fueron ateas durante toda su vida pero que se convencieron, en el último minuto, de que irían con Dios.

Me parece que la religión y la espiritualidad tienen una función definitiva durante el momento de la muerte, pero no necesariamente más que las ideas e interacciones generales con la muerte a lo largo de la vida. Lo que en realidad hace una diferencia es el grado al cual un individuo puede consolar, amar, confiar y perdonarse a sí mismo y a los demás. Podemos intentar comprender la vida religiosa o espiritual que la persona ha vivido, pero su perspectiva puede cambiar una docena de veces antes de morir y quizá nunca hable al respecto.

Mi crianza fue católica, en conjunción con las creencias de la nueva era de mis padres, de reciente adquisición. Conozco las plegarias tradicionales; sin embargo, cuando comenté a mis padres que no solo podía ver hadas, sino que también jugaba con ellas y que hacía proyecciones astrales, ellos confirmaron lo que yo veía y hacía. Por tanto, crecí con un Dios amoroso y mágico, un reconocimiento de lo sagrado en todas las cosas y la posibilidad, incluso probabilidad, de mundos multidimensionales y la noción del tiempo como cualquier cosa menos lineal. Desde mi adolescencia temprana me enamoré del mundo herbal de las brujas, viví en un ashram hindú y después en un centro budista; pero también valoro las prácticas de mis ancestros del paganismo celta y del animismo sami. No me aferro ni practico activamente ninguna religión, pero encuentro gran consuelo en las filosofías budistas mientras vivo en esta tierra.

Esto puede sonar raro para algunos lectores, pero este tipo de amplia espiritualidad se vuelve cada vez más común entre personas que no desean adscribirse a alguna religión (o cuyas nociones previas de la religión ya no se ajustan a su visión expandida del mundo).

A veces, las oraciones y los textos de la infancia pueden estar profundamente arraigados y brindan consuelo en el momento de la muerte, incluso si el individuo no ha sido religioso como adulto.

En tiempos de dificultad, las familias pueden leer un texto religioso para traer cierta rutina y una sensación de estar sostenido por algo más grande y más sabio. El momento de la muerte podría considerarse un momento de dificultad y, por lo tanto, algunos de estos mismos textos u oraciones pueden resultar reconfortantes. Siempre es aconsejable preguntar con antelación y nunca dar por sentado que la persona desea participar en pasajes u oraciones a los cuales hayan recurrido en el pasado, incluso en el pasado reciente.

En mi opinión, existe algo que trasciende la miríada de religiones y barreras espirituales: la conexión silente. Sujeta la mano de la persona que está muriendo, acaricia con suavidad extrema la parte superior de su cabeza o siéntate muy cerca, sosteniendo el espacio con gran amor.

REIKI PARA MORIBUNDOS

El sistema de chakras es algo que pensamos que nos "balancea" mientras estamos vivos, pero también tiene una función específica durante el proceso de morir. Si eres practicante de reiki y la persona moribunda te ha dado permiso de ofrecérselo durante su transición, puede ser una bella experiencia.

Puedes participar en este proceso con o sin tocar el cuerpo, ya que cada uno de los chakras vibra, pulsa, destella y, por último, decae. De hecho, a menos que hayas realizado este trabajo antes con la persona, solo debes ofrecer apoyo de reiki a distancia. Puedes ofrecer sanación reiki con solo colocar las manos por encima de cada parte de su cuerpo, pero sin tocarlo.

El reiki a larga distancia se cubre en el segundo nivel de entrenamiento de reiki. El mismo permite a los practicantes ofrecer luz curativa a cierta distancia, incluso desde el otro lado del planeta. En el tercer nivel o nivel maestro, uno está capacitado para ofrecer reiki a través del tiempo y espacio. Esta puede ser una oportunidad maravillosa para brindar sanacion al yo más joven o traumatizado de la persona a la que estás cuidando. Heridas emocionales que pueden haber permanecido ocultas durante mucho tiempo pueden surgir mientras el individuo se somete a una revisión de su vida. La curación puede ocurrir en muchos niveles durante el proceso de muerte.

Aquellos que no están entrenados en reiki no deben tener miedo de ofrecer luz curativa libre de juicios y sin apegos a sus seres queridos. Sin embargo, es importante obtener el permiso para la sanación de aquel a quien se lo estás ofreciendo. Si no te sientes cómodo ofreciéndole a tu ser querido una curación, hay muchos profesionales capacitados que ofrecen este servicio. Una búsqueda por internet arrojará resultados. Recuerda que no es necesario estar presente físicamente para ofrecer esta curación. Hospitales y centros de atención a veces cuentan con personal o voluntarios que también cuentan con formacion en reiki.

Yo he ofrecido reiki y phowa (un método del budismo vajrayana de transferir consciencia en el momento de la muerte) a numerosos individuos moribundos. En ocasiones es recibido de manera voluntaria, como un regalo cósmico. En otras ocasiones, el rechazo es perfectamente claro. Cada situación y cada individuo es diferente. Me siento agradecida por haber crecido con una madre que es trabajadora de la energía y maestra de reiki, quien me enseñó sobre los límites y esas sensibilidades desde muy temprana edad. Tienes que ser lo bastante sensible para reconocer cuando la persona que está muriendo comunica sus deseos de formas no verbales y no aferrarte a un resultado deseado en particular.

Utilicé tanto reiki como phowa con mi suegro en la unidad de terapia intensiva cuando lo extubaban y le retiraban todo el soporte vital. Su hija y su hijo se sentaron a su lado y tomaron su mano; en el otro lado yo coloqué una mano sobre el chakra de su corazón y la otra en la parte superior de su cabeza. Mientras su corazón físico seguía latiendo durante algún tiempo y se mantenía fuerte, el chakra de la coronilla se convirtió en una veloz cascada ascendente de energía. Fue tan poderoso e inmenso que mantuve la mirada fija para detectar si algo era visible, pero no fue así. Era la esencia de la fuerza de la vida, imposible de ver con el limitado ojo humano.

TIEMPO DE ALTARES

Preparar un altar puede ser una manera maravillosa de celebrar la preciosa vida de un individuo. Es apropiado colocar velas, fotografías, flores, piedras especiales y objetos que la persona ama en el altar. También sus bebidas y alimentos favoritos son maravillosos.

Con frecuencia es adecuado agregar fotografías de amigos y familiares fallecidos, además de ancestros de la persona que está por morir. Esto demuestra que no son olvidados; sus vidas impactaron el mundo; fueron importantes. Esto puede servir de consuelo para la persona en proceso de morir; un recordatorio de que no será olvidada y de que otros individuos han fallecido antes que ella.

Puedes crear un altar en cualquier parte de la habitación, en la casa o en el exterior. También puedes invitar a otras personas a agregar objetos cuando lleguen de visita. Esto da la oportunidad a los amigos cercanos y a los parientes de cuidar el altar, de arreglarlo a diario y de atenderlo, a pesar de que la persona ya haya fallecido. Un altar en la habitación del moribundo da a la gente algo "que hacer" o mirar si se siente incómoda durante la visita.

Tal vez los niños deseen crear su propio altar para la persona que está muriendo, en la habitación misma o en su propio espacio. Entre los objetos significativos vinculados con el moribundo se pueden incluir un muñeco de peluche con el que ambos jugaron o libros favoritos que leyeron juntos. Puede ser útil colocar algo en el altar que los niños atiendan cuando lleguen de visita, como una plantita que esté creciendo, un rompecabezas al cual sea necesario agregar piezas o artículos pequeños (como piedras) que ellos recolecten de la naturaleza. Todo esto significa que el tiempo pasa y que las cosas continúan en crecimiento, cambio, expansión y que también mueren.

⚲ Lugar alternativo

Incluso en una unidad de terapia intensiva es posible crear un altar pequeño y portátil. Puedes utilizar velas de led en lugar de las reales. Un platito o costalito con lavanda seca puede ser tan lindo como un ramo de flores.

6
Incomodidades durante el cuidado

La vida solo puede ser entendida de adelante hacia atrás, pero debe ser vivida de atrás hacia adelante.

SØREN KIERKEGAARD

*E*n situaciones de alta carga emocional, puede ser un desafío saber qué hacer y qué pensar. En una habitación llena de personas concentradas en el cuidado del moribundo, los sentimientos y las opiniones pueden superponerse, creando más confusión, que puede parecer espeso y pegajoso. En este capítulo veremos algunos de los malestares que pueden surgir y algunas formas de crear un mejor espacio emocional.

EXPRESAR LO MÁS COMPLICADO

Hay momentos en que es necesario decir algo que puede ser perturbador para la persona que está muriendo. De igual manera, el moribundo puede decir cosas que pueden alterar a las personas que le ofrecen cuidados o están de visita. Si eres testigo de esta interacción, tienes que saber que cada par de personas tiene su propia relación; incluso su propio karma, si me explico. Nosotros no podemos comprender por completo la relación existente entre dos personas; por lo tanto, es imposible percibir lo que es sanador y lo que es doloroso.

Como regla general, sin embargo, es muy valioso decir lo que sea necesario con la intención de sanar, en estas circunstancias. Tal vez alguien diga a su padre moribundo: "Tú abusaste de mí durante toda mi infancia y aún me siento triste y dolido por eso". Eso es muy distinto a decir: "Tú arruinaste mi vida". Las mismas historias de dolor pueden surgir y expresarse, pero la diferencia es la manera de manifestarse y la intención. Las palabras son importantes. Las intenciones son importantes. Si tú u otras personas deben decir cosas desagradables a alguien en proceso de morir, piensa cómo desearías escuchar esas palabras en tu propio lecho de muerte. Tú eres quien continuará viviendo y las palabras que digas, y la manera como elijas expresar tus sentimientos, pueden permanecer contigo durante mucho tiempo después de que tu ser querido haya fallecido.

De igual manera, esperamos que lo mismo suceda con la persona que va a morir: que no diga nada, a menos que sea con la intención de sanar. Por desgracia, este no siempre es el caso. La gente suele decir cosas dolorosas en su lecho de muerte y nosotros, los vivos, debemos llevarnos esas palabras con nosotros. En ocasiones, los moribundos revelan secretos que provocan caos emocional en sus familiares. A veces pueden expresar dolorosas alucinaciones y otras veces los moribundos necesitan compartir información que ha pesado sobre ellos durante toda su vida. Habrá momentos en que no sepamos qué es verdad y qué no lo es.

A través del dolor, la confusión y la felicidad, intenta no contarte demasiadas historias. Mantente tan curioso como sea posible.

A VECES, LAS PALABRAS NO SON LO QUE SE NECESITA

Mientras trabajaba en una institución de asistencia, escuché que dos caballeros conversaban cierta mañana. Uno era significativamente mayor que el otro; el más joven admiraba a su amigo por ser veterano de la Segunda Guerra Mundial. El caballero menor expresó que hubiera deseado haber servido en la guerra, pero que entonces era demasiado chico. Entonces dijo al otro: "Usted tiene 95 años. Es grandioso llegar a esa edad". Con amabilidad, el hombre más viejo respondió: "He perdido a mi esposa, a mis hijos, a mis hermanos, a mis padres, a mis tíos y tías y a todos mis primos. Soy el único que queda". El joven solo escuchó y agachó la cabeza. No le ofreció condolencias ni intentó consolarlo; tampoco pareció sentirse mal por el hecho de que sus sentimientos no hubieran sido considerados en ese comentario. El viejo no quiso expresar ninguna otra cosa que lo que dijo y el joven interpretó la intención con exactitud. Solo permanecieron sentados, uno al lado del otro. Amablemente.

CUANDO LO QUE SUCEDE VA EN CONTRA DE TUS DESEOS

No es raro que la persona moribunda tome decisiones con las que otros individuos no estén de acuerdo. En ocasiones esa persona ya no desea recibir tratamiento médico, a pesar de que la prognosis parezca ser bastante buena. Si la persona toma esa decisión desde el principio, puede ser perturbadora para los demás a través del proceso activo de la muerte. Es útil recordar que ese tipo de elecciones son extremadamente individuales.

Hay ocasiones en que el moribundo comienza a declinar con rapidez, cambia de opinión y desea iniciar un tratamiento o tiene seres queridos que empiezan a caer en pánico y le suplican que se someta a un tratamiento. Por desgracia, este es un escenario frecuente y doloroso para todos los individuos involucrados, pues es probable que sea demasiado tarde.

Con mucha frecuencia puede presentarse una negación total o parcial de la muerte y puede ser angustiante para los seres queridos y cuidadores, quienes desean crear un tiempo "significativo", pero la persona que está muriendo ya no se involucra en ello.

En esas circunstancias, las prácticas de respiración y autocuidado pueden ser de gran ayuda. Comenzar cualquier tipo de nueva práctica en medio de la convulsión emocional quizá sea desafiante, pero necesitas empezar desde donde estás.

Es probable que tú, el cuidador, desees expresar tus pensamientos y sentimientos a la persona en proceso de morir o tal vez desees hablar con otro individuo que sea un poco ajeno a la situación.

Si eliges hablar con alguien que esté fuera de tu "círculo interior", intenta encontrar a una persona que haya vivido una situación similar (y que sea más probable que comprenda lo que estás experimentando). Busca a alguien que escuche más, en lugar de darte consejos o expresar su opinión.

Si decides expresar tus pensamientos a la persona que está muriendo, recuerda que tú también vivirás tu propia experiencia y decisiones sobre tu muerte algún día (si tienes suerte). En este momento, tú percibes la vida desde una perspectiva distinta a la del moribundo. Puedes suponer lo que siente, pero no puedes saberlo.

En lugar de solo compartir tus opiniones, ideas y sentimientos con la persona moribunda, intenta mantenerte curioso, haz preguntas, busca rutas y senderos que se hayan forjado en su vida y trata de descubrir si sus decisiones parecen ser consistentes con su estilo de vida. Tal vez te percates de que, a pesar de no aprobar su decisión o punto de vista, es consistente con la manera como esa persona ha vivido su vida.

En otras ocasiones quizá te encuentres con lo contrario: la persona que ha vivido una vida orgánica y holística puede decidir que desea intentar todas las intervenciones médicas posibles para prolongar su vida. Esta, también, es su elección. Recuerda que tu día para morir activamente también llegará.

QUÉ HACER CUANDO NO HAY NADA POR HACER

Hay momentos en que no hay sitio para el cuidador principal o doula para el final de la vida. No hay lugar para ser útil físicamente, emocionalmente o en algún otro sentido. Sin embargo, estás allí y tal vez sientas que deseas participar.

En primer lugar, tienes que saber que en ocasiones la situación no tiene nada que ver contigo y, por tanto, debes tener la capacidad de dar un paso atrás con gracia. Esto puede ser difícil, en especial si puedes darte cuenta con exactitud de lo que es necesario, pero tu ofrecimiento de ayuda es bloqueado de alguna u otra manera.

A mi madre y a mí nos agrada practicar una versión de la novena católica (nueve días o semanas de oración consecutiva, por lo regular con un rosario) llamada María, la que deshace los nudos. En esta práctica, tú invocas a la Madre María para que te asista y visualizas el proceso de deshacer los nudos. En esta circunstancia, los "nudos" serían tus sentimientos enredados acerca de cómo crees que debería desarrollarse una situación alrededor de la muerte.

❧❀❧

PRÁCTICA DE CONSCIENCIA PLENA
Respiración meditativa tonglen

Tal vez desees practicar una técnica budista tibetana de respiración para dar y recibir (también llamada enviar y recibir). Se llama tonglen.

Puedes practicarla a solas, idealmente con tiempo para aprenderla cuando estás en un ambiente seguro y no cargado (en lugar de estar en el sitio mismo donde ocurre una situación tensa).

Comience activando un sentimiento de bondad amorosa. A menudo este tipo de sentimiento puede surgir al imaginar algo sin afiliación negativa, como un montón de cachorros jugando suavemente. Tómate un momento para pensar en algo y toma nota del sentimiento que surge en ti. Invita a ese sentimiento a crecer e impregnar tu ser, y llenarte de una sensación de bondad amorosa.

Luego, en tu imaginación, coloca frente a ti la persona cuyo dolor le deseas quitar. Mientras inhalas, imagina atraer el dolor de la otra persona (o situación) donde se transforma naturalmente dentro del espacio de la bondad amorosa que tienes preparado dentro de ti. Mientras exhalas, imagina llenar a la persona con ese mismo amor.

Con este tipo de respiración meditativa, inhalas el dolor del "otro" o de la situación y lo transformas en tu propio cuerpo antes de liberar el aire como amor purificado, calma, paz o cualquier otro remedio que sea necesario para la enfermedad. Esta práctica no te hará daño. No estás absorbiendo el dolor y este no se acumula. Simplemente se transforma en el espacio, y tu intención amorosa está haciendo el trabajo.

Cuando te sientas cansado, simplemente finaliza la práctica. Libérate de todo y bebe un poco de agua.

Como puedes imaginar, debes realizar esta actividad de respiración desde un lugar de total fortaleza y calma; también debes comprender que no disminuyes tu propia energía al hacerlo. Cuando realizas esta práctica en una situación dolorosa o para un ser que sufre, debes sentirte tan fuerte que puedas decir: "Déjame quitarte un poco de eso. Permíteme tomar un poco de tu dolor". Después, cuando exhales, piensa: "Toma un poco de esta paz. Puedo ofrecerte alivio". De esta manera, tú ofreces energía amable, gentil y neutral al mundo.

Si deseas conocer información adicional acerca de esta práctica, la monja y maestra budista tibetana-estadounidense Pema Chödrön la explica de bella manera en su libro *Tonglen: The Path of Transformation*.

Como enfermera privada, una noche velé a una mujer que tenía 104 años y estaba en fase activa de muerte. A pesar de que solo agonizaba por su avanzada edad, su cuerpo se mantenía muy fuerte. No utilizaba caminadora ni auxiliares auditivos; solo pañal durante las noches, "por si acaso". Alrededor de las dos de la mañana, su respiración comenzó a ser laboriosa y constreñida. De súbito se sentó al borde de la cama y comenzó a jalar su camisón. Le pregunté si deseaba un poco de agua, que frotara su espalda o que le cantara una canción. Ella no respondió. De hecho, ella ya no estaba "en este mundo". Se quitó el camisón y luego quiso ponérselo de nuevo. Quería ponerse y quitarse los calcetines, quitarse y ponerse el camisón. No sentía pánico, solo obsesión. No había medicamentos que yo pudiera darle, de manera que solo me senté a su lado. Estuve allí por si necesitaba alguna ayuda y para asegurarme de que no se lastimara; pero, más que todo, yo estaba allí para simplemente respirar y atestiguar. Dado que no había nada que yo pudiera "hacer" por ella esa madrugada, hice lo único que sentí que era útil: dejé libre el camino que pensé que la situación debía seguir, practiqué la técnica tonglen y me senté con ella en amorosa paz hasta que se quedó dormida.

BARRERAS DEL IDIOMA
EN EL PROCESO DE MORIR

Aquellas personas cercanas a morir suelen regresar, de forma parcial o total, a su lengua nativa, sin importar cuánto tiempo hayan hablado en otro idioma. Mi suegro regresó a su primer idioma (español) a medida que progresaba su enfermedad terminal. Tuvimos la enorme fortuna de encontrar a una especialista pulmonar latina bilingüe en Vermont, pero solo hasta los últimos cuatro días de vida de mi suegro. Hubiera sido más sencillo, en términos lingüísticos, que mi suegro falleciera en su patria, Chile, pero no hubiera recibido todo el cuidado familiar que tuvo por vivir cerca y con nosotros. Mi esposo, mi cuñada y yo fuimos sus cuidadores primarios, y yo fui su confidente también. Durante sus últimos meses descubrí que me sentía avergonzada por no poder hablar español en un momento cuando él necesitaba apoyo verbal con tanta desesperación. En este caso, su hijo e hija traducían cuando estaban presentes, pero en otros momentos tuvimos que hacer un esfuerzo constante para asegurarnos de que las enfermeras utilizaran una aplicación de traducción para comunicarse con él. Esto fue difícil, dado que él entró y salió de muchos hospitales. A pesar de que carece de intimidad, la tecnología desempeñó una función crucial en estas circunstancias tan vulnerables y por eso nos sentimos agradecidos.

Ninguna muerte ocurre como todos desean, así que todos hacemos ajustes. Mi suegro había viajado libremente como hombre soltero durante los últimos tres años de su vida y no había establecido un verdadero hogar de base. Sin saber que su muerte era inminente, y debido a una variedad de complicaciones y decisiones, su anidación para la muerte se realizó como espíritu libre entre múltiples países. Fue un hermoso viaje para el final de su vida, pero complicó su muerte activa.

Si tú hablas dos o tres idiomas de forma fluida, por favor considera ofrecer tu tiempo como voluntario para visitar y hablar por los que están aislados lingüísticamente mientras mueren.

. . . .

Preocupaciones por no preocuparse

Durante un turno de noche como enfermera (asistente certificada de enfermería) en una institución de asistencia, una residente me llamó por localizador a las tres de la mañana. Bebí un enorme trago de mi mate y me apresuré a llegar a su habitación para ayudarla a ir al baño. Ella me llamaba cada noche, alrededor de esa hora, por ese motivo (a pesar de que ya había orinado en su pañal). El trayecto al baño nos daba la oportunidad de charlar un poco. Ella iniciaba la plática y yo solía permanecer en silencio, a menos que ella me invitara a participar. Resulta que ella solía charlar con su esposo en la mitad de la noche, mucho tiempo atrás. A pesar de haber perdido gran parte de su memoria, el trayecto rutinario al baño y la plática de medianoche permanecieron.

Mientras la acomodaba otra vez en la cama, me dijo: "¿Sabes?, estoy muy preocupada por algo". Yo respondí: "¿Sí? ¿Qué ocurre?". Me imaginaba que estaría preocupada por sus hijos o por una próxima cita con el médico. Ella continuó: "Me preocupa no tener nada de qué preocuparme". Su respuesta me sorprendió. Me di cuenta de que, para mucha gente, la preocupación puede ser productiva. Dado que ella no tenía idea real de lo que sucedía más allá de ese momento específico y todo parecía estar bien, sentía que se perdía de algo.

¿Cómo consolar a alguien que está preocupado por nada? Yo hice lo que haría con un hijo que tiene miedo a los monstruos: la acomodé en la cama, tomé su mano y le recordé que la alimentábamos y la vestíamos, que estaba en un lugar cálido y seguro y que pronto los pájaros matutinos se despertarían. Sabía que pronto se relajaría y dormiría hasta pasado el primer canto de los pájaros (y que alguien tendría que despertarla para que desayunara), pero esos simples recordatorios de presencia fueron suficientes para ayudarla a volver a dormir.

. . . .

ASISTENCIA MÉDICA AL MORIR

La ayuda médica para morir es una forma de acelerar la muerte que es una opción en algunos estados y países. MAiD (Medical Aid in Dying), como está actualmente mencionado en los Estados Unidos y Canadá, puede ser tan controversial como el aborto. Como doula de la muerte no apruebo ni condeno esta forma de acelerar la muerte. Más bien, me preocupo en la manera de muerte que el moribundo y su familia han elegido.

Ninguna muerte es fácil, ninguna muerte está exenta de consecuencias y la asistencia médica para morir no es diferente. Todavía puede haber dolor, confusión, ira y miedo. El resentimiento y los arrepentimientos aún pueden surgir, no solo para el que está muriendo sino para todos los que lo rodean. Cada individuo vive una muerte de manera diferente (hasta las personas juntas en una habitación, quienes presencian la misma escena). Esto aplica a la muerte asistida también.

Tomar decisiones en tiempos delicados puede parecer casi imposible. A veces tardamos tanto en tomar una decisión que las opciones cambian y las alternativas anteriores ya no están disponibles. A veces, tener la opción de acabar con tu vida por tu cuenta y en tu tiempo en una ubicación de tu elección se siente como retomar un poco de control (cuando tantas otras cosas se sienten fuera de tu control).

En Estados Unidos, algunas personas que obtienen la receta nunca ingieren el medicamento. En otros países, un médico es el único que puede administrar la inyección.

Al igual que la eutanasia para los animales, la asistencia médica en la muerte es un privilegio al que no todos en nuestro planeta pueden acceder. Muchas personas mueren sin analgésicos, y mucho menos con receta médica. Si un ser querido, o tú mismo, está interesado en esta opción, puede hablar con su médico. No todos los médicos se sentirán cómodos prescribiendo el medicamento, incluso si el paciente está recibiendo cuidados paliativos y tiene una esperanza de vida de seis meses o menos.

Aquellos que han tenido atención médica deficiente o nula, personas de color que han sido gravemente maltratadas por el sistema de salud, y aquellos que tienen discapacidades físicas pueden tener una gran desconfianza en la asistencia médica para morir. Es importante ser sensible: lo que podría parecer un derecho para algunos se considera peligroso o incluso ofensivo para los demás.

. . . .

Asistencia medica y doulas de la muerte:
Tête-à-tête

No desaprobaré tu muerte con asistencia médica. No te diré que no la busques. No te diré que dejes que tu cuerpo muera por "muerte natural". No te diré que esperes por un milagro o una cura o más tiempo.

No aprobaré tu muerte con asistencia médica. No te diré que estás haciendo lo correcto, ni que tus razones son justificadas. No te diré que esta es la manera correcta de acelerar la muerte si tú tienes una enfermedad terminal, ni te diré que esta es la mejor salida a tu dolor.

Si solicitas saber más sobre la asistencia médica para la muerte te daré toda la información que tengo en ese momento. Esta información consistirá en las leyes, tiempos y brebajes o inyecciones. No puedo decirte lo que se siente ingerir o recibir la medicación. No puedo decirte cómo reaccionará tu familia, tu amigos y tu comunidad ante tu muerte, cualquier forma de muerte que elijas. No puedo decirte lo que se siente morir.

No apruebo ni condeno. No juzgo. No hago las leyes, no abogo por las leyes, no protesto en contra de las leyes.

Veo y escucho. Siento desde mi cuerpo, separado del tuyo, intentando anticipar tus necesidades.

Escribiré tus cartas de despedida. Correré las cortinas o abriré la puerta. Te frotaré las sienes; masajearé tus pies. Oraré contigo, te ayudaré a encontrar "la clave" y quedarás asombrado cuando me digas: "Mi madre está aquí". Me sentaré a tu lado para tu último aliento y permaneceré aun durante el tiempo que tu aliento no regrese, cuando, en cambio, me concentraré en mi propia respiración.

Sirvo para que puedas sentirte amado, seguro y presenciado en tu estado y salida del Ser. Esta es una muerte asistida por una doula.

. . . .

PRESENCIAR UN ACCIDENTE
O MUERTE SÚBITA

Una noche, durante un turno en un centro de atención residencial, informé a la enfermera que uno de los residentes estaba caminando de manera extraña. La enfermera dijo: "Sí, siempre camina un poco extraño". Sin embargo, como yo era quien le daba a este caballero sus duchas quincenales y monitoreaba sus movimientos físicos, sabía que no era sí. Regresé para ver cómo estaba y doblé la esquina justo cuando se desplomaba, inconsciente y vomitaba con arcadas. La enfermera escucho la caída y vino corriendo mientras yo me tiré al suelo para atenderlo. Comprobé su pulso y observé atentamente su respiración mientras le hablaba con calma: "John, te has derrumbado. Tu cuerpo está pasando por un momento difícil. Caíste al suelo. La ayuda está en camino. Tu familia está en camino. Estás en buenas manos y no estás solo". Lo puse de costado, le acaricié la cabeza, le froté la espalda y le limpié el vómito de la boca mientras perdía y recuperaba el conocimiento. Repetí su nombre y hablé claramente sobre lo que estaba pasando, asegurándole que sería atendido hasta que llegó la ambulancia. Pude hacer todo esto porque la enfermera estaba llamando a la ambulancia. Por esos quince minutos, mi único trabajo en el mundo era cuidar y amar a ese hombre como si fuera mi hijo. Murió en el hospital poco tiempo después.

Las emergencias ocurren, incluso cuando uno está en casa en modo de cuidados paliativos y hay una muerte previsible y "esperada". Una muerte inesperada o la necesidad de obtener ayuda de emergencia requiere de un cuidado diferente al cuidado lento e íntimo que se viene proporcionando. Dado que el baño es el lugar más común de accidentes, porque hay muchas superficies duras y resbaladizas, es aconsejable tomar precauciones adicionales al acudir al baño. Es importante saber que, aunque una orden de no resucitar significa que usted no debe intentar traer a la persona a la vida después de haber muerto, esto no significa que no intentes salvarlos si están heridos.

Siempre me detengo en los accidentes de carretera para ver si se necesita ayuda. Cuando sobra ayuda y solo estaría estorbando, me retiro. Otras veces, la gente asume que todo está bajo control cuando, en realidad, no es así.

Si te sientes capaz, puedes ofrecer apoyo cuando te cruces un accidente, no importa dónde esté. Quizás sea solo para llamar a emergencia o advertir al tráfico que viene en sentido contrario. El trabajo de una doula de la muerte no se limita a muertes lentas y coordinadas. Podemos aparecer y desaparecer según sea necesario. La clave es saber qué papel debes desempeñar en ese momento. Hay ocasiones en las que el papel de una doula de la muerte es permanecer invisible y solo presenciar, mantener el espacio o respirar. Si es seguro participar y te sientes llamado a ayudar físicamente, entonces tu papel podría ser mucho más involucrado. Recuerda escanear la escena para detectar posibles peligros, utiliza las luces de emergencia y no tengas miedo de darles a los espectadores tareas mientras tú atiendes las víctimas del accidente. Las personas suelen estar dispuestas a llamar al 911, incluso si no se sienten seguros fuera de su vehículo. No queremos causar daño accidental a nosotros mismos ni a otros.

Si el trabajo de doula de muerte de emergencia es algo que podrías hacer, aprende sobre las precauciones universales y completa la formación básica en primeros auxilios. Como siempre, recuerda retirarte cuando llega el equipo de rescate. Me encantaría ver el papel de doula incorporada a equipos de rescate de emergencia.

7

Conversación con los niños acerca de la muerte y el morir

Se fue, está en el cielo y su cuerpo en la tierra, pero siempre lo tendrás en tu corazón y en tu teléfono.

AMAIA LUNA, 3 AÑOS DE EDAD
(MIENTRAS CONSOLABA A SU PADRE
POR LA MUERTE DE SU ABUELO)

Con frecuencia los niños quieren ayudar y existen numerosas tareas que pueden hacer cuando su ser querido está por morir. Casi siempre es apropiado que se sienten cerca o sobre la cama y lean un libro en silencio. Así es como un niño hace una vigilia.

Ten presente que algunas situaciones en la unidad de cuidados intensivos pueden ser alarmantes para ellos. Sin embargo, los niños son resilientes y por lo general lidian tan bien con la muerte como los adultos que los rodean. Evalúa cada situación con cuidado.

Puede ser útil hablar con los niños acerca de la muerte y el proceso de morir desde que son pequeños, para que tengan una idea de lo que deben esperar cuando alguien a quien aman esté en ese proceso. Si antes han ayudado a enterrar una libélula, ratón o pájaro (y no fue traumático), pueden comenzar a percibir la muerte como algo natural, en lugar de como algo perturbador y temible. Hablar de las estaciones y de las plantas en términos de muerte y regreso a la nueva vida puede ayudar a los niños a comprender la totalidad del ciclo de la vida.

PEQUEÑAS MUERTES Y GRANDES MUERTES

En un mundo ideal tendríamos tiempo suficiente para hablar con nuestros hijos y otras personas sensibles antes de cada muerte, con el fin de evitar sorpresas dolorosas. A pesar de que esto no siempre es posible, existen muchas maneras de reconocer y discutir el ciclo de la vida todos los días.

Mi gato lleva ratones, pájaros y ardillas muertos a nuestra puerta con regularidad. Al conducir por la calle, las libélulas se estrellan contra el parabrisas, animales muertos yacen en los bordes del camino y las mascotas del vecindario mueren. Esto es lo que me gusta llamar "pequeñas muertes" y suceden alrededor de nosotros todo el tiempo. Otras muertes que tienen una función en la vida se encuentran en las plantas y los árboles. Podemos mirar las flores crecer en primavera, florecer en verano, marchitarse en otoño y morir en invierno. Nos enamoramos de los árboles, si nos lo permitimos, pero, cuando caen por una tormenta o son talados, podemos sentirnos tristes.

Si hablamos con nuestros hijos acerca de estas pequeñas muertes, les proporcionamos un marco de referencia que hace que las grandes muertes se sientan más naturales y menos temibles. Las grandes muertes son como la pérdida de nuestros compañeros, cuidadores, hermanos o hijos humanos. Para muchas personas, la muerte de una mascota se siente con tanta fuerza, o quizá más, que la muerte de un padre. Todo esto es muy individual.

Trata a las pequeñas muertes con respeto. Mira el cadáver del ratón muerto. Nota que no se mueve, que no respira. Pregunta al niño cómo cree que murió. Nota esas muertes cotidianas y comenta que la vida y la muerte de ese pequeño ser fue importante. Tómate un momento para realizar una ceremonia, incluso si esa ceremonia solo consiste en decir: "Lo siento" o "Regresa a la tierra". Esta cuidadosa consideración por la muerte en los pequeños seres vivos ayudará cuando lleguen las muertes mayores, de manera que los niños hayan practicado lo que deben decir o cómo deben reconocer la muerte.

En ocasiones, los niños que experimentan la muerte de un humano o animal muestran gran sabiduría, claridad, calma y tristeza (esto excluye las muertes cercanas y trágicas). Si eso sucede, no necesariamente se debe a que no comprenden. Recuerda que los niños todavía son "nuevos" en la vida. Antes de que la cultura, la sociedad y los padres les enseñan lo contrario, nada es antinatural, anormal o erróneo, incluso la muerte.

Tan complicado como pueda ser, debemos reconocer que los abortos, los bebés que nacen muertos y el fallecimiento de niños y bebés suceden. Estas muertes son devastadoras para los padres. Nunca las sanan ni las olvidan por completo. Como oficiante de funerales, yo motivo la creación de altares y ceremonias para reconocer las vidas de esos pequeños y preciosos seres. Una mujer a quien conocí realizó una ceremonia treinta años después de dar a luz a su hijo muerto. El recién nacido fue retirado por los empleados del hospital y a ella nunca se le permitió cargarlo. Nunca es demasiado tarde para reconocer un evento importante con una ceremonia apropiada.

Con el paso de los años he descubierto que ha comenzado a preocuparme no solo la seguridad de mis hijos, sino también la seguridad de sus amigos. La muerte de un compañero de juegos es triste y confusa. El fallecimiento de los amigos de mis hijos por suicidio y accidente han impactado y transformado sus vidas desde muy temprana edad. Aunque no los podemos proteger, tenemos la capacidad de escuchar sus inquietudes y tristezas. Dependiendo de sus edades y de la situación, es posible que quieran espacio o tiempo con sus amigos o se aferren a ti en busca de apoyo. A veces albergar un grupo de niños para que lloren juntos puede ser realmente beneficioso, no importa cuál sea su edad. Asegúrate de que haya suficiente comida y bebidas y, quizás, actividades que inspiren a compartir en voz alta de una forma apropiada.

LA CAJA DE HERRAMIENTAS DE UN NIÑO

Niños, adolescentes y adultos pueden beneficiarse de diversas herramientas que sugiero en esta parte del libro (ofrecidas para ayudarlos y apoyarlos durante periodos emocionales complicados y en discusiones acerca de la muerte y morir).

Rocío

Tal vez sea útil crear rocíos que puedan aplicarse en el cuerpo o en el aire cuando visiten a un ser querido enfermo, moribundo o muerto. Quizá debas ofrecerles un par de rocíos para que ellos elijan, con base en sus sentimientos hacia esa visita en particular. En algunas visitas supervisadas, puede ser apropiado y hasta agradable que el niño comparta su rocío con el enfermo o moribundo.

Para hacer rocíos, solo llena un botella atomizadora con agua purificada (de 2 a 4 onzas) y añade un par de gotas de aceite esencial.

- **Rocío para el valor:** geranio o menta
- **Rocío para la calma:** lavanda, jazmín o manzanilla

- **Rocío para el amor:** rosa y vainilla o ylang-ylang

- **Rocío para el recuerdo:** lila, romero o lirio del valle

- **Rocío de agua de la luna:** carga el agua bajo la luna llena para preparar un rocío (sin aroma) para la claridad, el valor y el amor. Agregar una gema o piedritas para obtener fortaleza adicional

- **Rocío de agua del sol:** carga el agua bajo la luz del día para preparar un rocío (sin aroma) para la tranquilidad, la vigilia y el recuerdo. Agregar una gema para obtener fortaleza adicional

Amuletos

La gente de todas las edades puede apreciar un amuleto que pueda colgarse alrededor del cuello o guardar en su bolsillo. Un amuleto puede ser uno o varios objetos que te hagan sentir fuerte.

Por ejemplo, tal vez una moneda que te dio tu abuelo pueda convertirse en tu moneda "de la suerte". Quizás una roca especial que tu hijo encuentre y lleve consigo le recuerde que mueva los dedos de los pies, plantados con firmeza en la tierra.

Puedes fabricar una bolsita especial para los amuletos al recortar el bolsillo de un viejo par de pantalones y ciérralo con un listón. Un ejemplo de amuleto puede ser una bolsita con una piedra para recordar la tierra, una pluma para recordar la gentileza, una semilla o nuez sin cáscara para recordar el gran misterio de la vida y un rollo de corteza de abedul con tu frase favorita escrita en ella.

Juego imaginativo y marionetas

Los niños pueden usar juegos de la imaginación mientras procesan la muerte. Tal vez deseen usar un estetoscopio alrededor del cuello, como la enfermera, o colocarse una corona de flores para transformarse en un hada sanadora o un brujo médico. Cuando "trabaje" con el humano verdadero, explica al niño que el objetivo no es sanar al paciente y devolverle la buena salud, sino cuidar, amar y atender al que está por morir. Cuando juegan por su cuenta con sus ositos de peluche y sus muñecas, los niños pueden imaginar lo que ellos quieran, incluso recuperaciones milagrosas.

El juego con marionetas puede explicar y revelar mucho. Intenta hacer que una marioneta sabia hable sobre la muerte a otra marioneta que escuche con atención. Recuerda que la marioneta sabia no necesita ser grande y poderosa. Puedes guardar una pequeña marioneta en un bolsillo, mochila o bolso si es necesario un poco de sabiduría en cualquier momento.

Haz que una de las marionetas formule preguntas directas, como: "¿Por qué el abuelo está muriendo?". La marioneta sabia puede responder: "Todos los seres vivos tienen un ciclo de vida. Es muy natural. El ciclo de vida del abuelo está llegando a su fin, así que él morirá". También puedes hablar acerca de la edad y la muerte. Tal vez comenzar por el ciclo de vida de una tortuga marina, un zorro o un murciélago. Pregunta al niño: "¿Cuál crees que pueda ser el ciclo de vida de un unicornio?".

Está bien decirle a un niño que tú no tienes todas las respuestas a todas sus preguntas. Pueden buscar juntos algunas respuestas y permitir que algunas otras permanezcan como misterios. Asegúrale que siempre será cuidado y amado.

Llaves

Jóvenes y viejos comprenden por igual la magia de una llave. Las llaves abren puertas, mantienen las cosas seguras y simbolizan secretos, privacidad, reinos mágicos, universos alternos y diferentes realidades. Nunca he conocido a un niño que no adore una llave especial. Tampoco he conocido a un adulto que no sea dueño de una llave (o docenas de ellas).

Las llaves pueden ser una herramienta poderosa en discusiones sobre la muerte. Una llave puede abrir una puerta hacia una habitación imaginaria donde podemos tener una conversación con una persona querida que ha fallecido. Una llave puede cerrar una caja sagrada para guardar pensamientos y sentimientos que podemos examinar y revisar. En ocasiones se guarda la caja de un trauma de la niñez, que puede ser abierta y examinada en un lugar seguro en la adolescencia o la edad adulta.

Burbujas

Las burbujas pueden llevar mensajes a la persona que ha fallecido. Cuando una burbuja estalla, ¿adónde va? Bueno, ¡a cualquier parte! Podemos soplar intenciones o mensajes en una burbuja para que, cuando estalle, su contenido se funda con la atmósfera y el espacio, dado que es un lugar sin límites. Esta también puede ser una actividad imaginativa: en la cama, por la noche, un niño (o un adulto) puede enviar mensajes en burbujas imaginarias a su ser querido.

Las burbujas también pueden ser útiles para liberarse de sentimientos de miedo. Dado que podemos colocar cualquier cosa en el interior de una burbuja, puede contener ira, odio o ansiedad. Dirige al niño para que saque esa emoción de su cuerpo y la sople dentro de una burbuja. Pregúntale: "¿En qué parte de tu cuerpo sientes la ira?". Si responde que en la barriga, puede soplar desde ese punto exacto en su barriga y llenar la burbuja. Mándala fuera de su habitación por la ventana, hacia el cielo, más arriba de las nubes y hasta el espacio. Señala cómo se hace cada vez más pequeña a medida que se aleja. Repite el ejercicio cuantas veces sea necesario. Quizá tú también desees intentarlo.

Colores, formas y aromas

En ocasiones los niños son demasiado pequeños para nombrar sus sentimientos. Incluso como adultos, a veces no sabemos con exactitud lo que sentimos porque estamos abrumados o no nos hemos permitido permanecer con un sentimiento incómodo durante el tiempo suficiente para conocerlo a fondo. Pregúntale al niño (o a ti mismo): "¿De qué color es tu sentimiento? ¿Qué textura tiene? ¿Cómo suena? ¿A qué huele?". Con mucha frecuencia, incluso los niños pequeños son capaces de hacer este ejercicio con facilidad. A continuación, pregunta: "¿Cómo podemos aliviar ese sentimiento? ¿Puede derretirse? ¿Puede explotar? ¿Puede apagarse?". Este puede ser un buen momento para una llave o una varita mágica.

Desde el espacio hasta las hormigas

Otro ejercicio puede enfocarse en "el panorama amplio" y "el panorama específico". Si el niño tiene dificultades para comprender toda la situación, busca una lupa o una brújula. Intenta que el niño se enfoque hacia abajo y hacia adentro. Una brújula puede guiarte a alguna parte, pero no sin que mires las indicaciones con atención. Una lupa, naturalmente, te permite ver cosas que son pequeñas. ¿Qué hacen hoy las hormigas? ¿Ya brotó esa semilla? Si la perspectiva del niño es estrecha y fija, intenten ver globos aerostáticos o barcos que zarpan del puerto... cualquier cosa que comience cerca y se aleje.

Solo tenderte de espaldas y mirar las nubes con un niño para buscar figuras puede ayudar a ampliar el enfoque. El espacio exterior es la definición de lo desconocido por excelencia, ¡y algunos niños (y adultos) encuentran gran consuelo en ello!

Teléfonos

Los teléfonos pueden ayudarte a hablar acerca de sentimientos o para enviar mensajes a las personas que han muerto. Hay un antiguo teléfono rotatorio en mi casa que he utilizado para hacer confesiones. ¿Alguien las escuchó? No, pero las dije en voz alta y no solo a una habitación vacía. Lo expresé con intención en un dispositivo que fue creado para transmitir mensajes verbales. Después de que murió el abuelo de mi hija, ella quería enviarle un mensaje de texto. Yo le permití hacer un dibujo en mi teléfono celular y enviárselo. Cuando le pregunté si recordaba que él ya había fallecido, me respondió: "Sí, pero en verdad le gustaría ese dibujo".

MUERTE DE MASCOTAS Y OTROS ANIMALES

Crecí con gran variedad de animales: caballos, perros, gatos, pollos, cerdos, pavos, conejos, hámsteres, conejillos de Indias y peces. No teníamos vacas, pero nuestros vecinos llevaban a las suyas a pastar en nuestro terreno y yo jugué en su granero, al final de la calle. En nuestra calle había seis casas donde vivían quince personas y, tal vez, doscientos animales en el mismo predio de alrededor de dos millas. Pasé largas horas sentada en mi henar jugando con la última camada de gatitos, recorriendo el bosque con mis perros y leyendo libros para mi caballo en el establo. Algunas mamás gata eran muy inteligentes y parían a sus bebés y los acunaban en lugares secretos que eran muy difíciles de encontrar. Yo buscaba en cada lugar oscuro, entre las tablas del suelo y en la parte trasera de las construcciones que nunca utilizábamos.

Un invierno frío encontré una camada de gatitos que la mamá había abandonado en el cobertizo de herramientas de mi padre. Era una camada de cinco bebés y todos parecían congelados por completo. Fue muy triste. Los juntamos en una caja de cartón y los llevamos a casa para que se calentaran junto al fuego. Un chiquito fue el primero en moverse y lo alimentamos con leche tibia de una botella muy pequeña. Dos más comenzaron a moverse despacio y también los alimentamos. Los últimos dos estaban muertos. Sus pequeños cuerpos se descongelaron, pero ya no tenían vida. Los tres gatitos milagrosos maullaban, flexionaban sus garras y ronroneaban mientras los alimentábamos con botella múltiples veces al día durante el resto del invierno.

Esta fue una increíble y educativa aventura extrema de rescate de la vida y la muerte en el norte de Vermont. Yo no podía creer que tenía que ir a la escuela cada mañana y dejar a los diminutos gatitos durante el día. Estaba claro que eso era mucho más importante que sentarme en un salón de clases con un libro de texto. Esta experiencia dejó una impresión tan grande en mí que incluso ahora, casi 35 años después, la recuerdo muy bien. Todavía puedo recordar el distintivo olor de los gatitos, que habían nacido en una caja de viejos trapos grasientos del cobertizo de herramientas y cómo los bañamos hasta eliminar ese olor.

Algunos de nuestros animales murieron por causas naturales (solo los encontramos muertos un día); otros se escaparon al bosque y fueron devorados y otros más murieron tan despacio que tuvimos que tomar la decisión de practicar la eutanasia o no. Los cerdos no tuvieron una muerte natural; por eso he sido vegetariana durante treinta años.

Cuando los animales morían por causas naturales, nosotros solíamos contemplar el cadáver, llorar y conversar sobre lo que podría haber sucedido. Después mi padre encontraba un lugar en la propiedad para enterrarlos. Por otra parte, cuando el proceso de muerte de nuestros perros se volvía demasiado doloroso para que mi madre pudiera soportarlo, llamábamos al veterinario. A través de abundantes lágrimas, la vida de la mascota de la familia culminaba. Nosotros nos disculpábamos, le agradecíamos y le decíamos que la amábamos, acariciando su pelo. Entonces mi padre buscaba un lugar lindo en los límites del bosque para enterrarla.

Recuerdo las muertes por eutanasia como más tristes y traumáticas que las naturales. Por esta razón, como adulta y con mis propios hijos, he permitido que nuestras mascotas mueran de manera natural. Mis hijos sostuvieron a nuestros conejillos de Indias hasta su último aliento, con los rostros bañados en llanto. Después decorábamos una caja especial y enterrábamos al animal en un sitio bonito. Esta fue la primera experiencia de mis hijos de cuidar a un ser vivo durante el proceso de morir. Ser doula para la muerte de un animal o mascota puede ser poderoso, tanto para niños como para adultos.

Dado que el nacimiento y la muerte son simplemente lo que humanos y animales experimentamos en nuestro planeta, yo invito a la gente a que permita que sean tan naturales como son, siempre que sea posible. En ocasiones es más fácil para un niño hablar y experimentar la muerte con mascotas o animales antes que con seres humanos. Si un padre está dispuesto a permitir que su hijo contemple a un animal en labor de parto y en alumbramiento, creo que los niños deben poder ver a un animal en labor de muerte.

Cuando una mamá perra está por parir, jadea, se recuesta, no come ni bebe nada, a veces gime y no es "ella misma". Esto puede extenderse por un largo periodo y puede ser preocupante. Sin embargo, dado que el sentimiento es de esperanza y euforia, dejamos que ocurra la labor de la mamá perra con poca o ninguna intervención y permitimos que los niños la contemplen.

Todas esas tensiones del parto también existen en un animal que está en labor de morir. Sin embargo, dado que equiparamos la muerte con la ausencia de esperanza y puro dolor, a menudo no queremos mirar, no queremos que los niños vean y por lo regular elegimos la eutanasia para el animal. Si este es tu caso y tienes hijos, explícales con mucho cuidado lo que está sucediendo. Es común que un niño pregunte algo como: "¿Van a hacerle la eutanasia a la abuela, como a Toto?".

Alrededor del mundo, en especial con las personas que no pueden pagar atención veterinaria, la eutanasia no siempre es una opción. A pesar de que sintamos la urgencia de terminar con el sufrimiento de un animal, tal vez nos veamos obligados a recurrir a otras opciones para dar fin a su dolor. Las muertes en el patio trasero son comunes y muchos animales que están por morir se encuentran con humanos piadosos a los costados de las carreteras. Estas también son oportunidades de acción para las doulas para la muerte: llena tu corazón de apacible amor mientras haces lo que creas que debe hacerse.

Invito a cualquier persona que esté dispuesta a ser testigo y doula en el nacimiento de un animal a considerar ser testigo y doula también en su muerte.

Al testigo del proceso de nacer y de morir (en especial los niños y las personas de sensibilidad extrema), es importante tomar descansos, salir a caminar y beber mucha agua porque procesarás gran cantidad de emociones.

Doula de la muerte para animales

Me han pedido muchas veces que sea doula de la muerte de un animal, y en cada caso he estado ahí para el humano. Les recuerdo a las personas que son la mejor doula de la muerte de su mascota y que presentarme yo durante el proceso de muerte activa de la mascota puede ser más perturbador que útil, ya que podría sacar al animal de su zona o nido secreto. Tú eres quien mejor sabe cómo amar y servir a tu mascota.

Durante mi infancia mi familia tuvo cinco caballos, al menos cincuenta gatos y casi una docena de perros. Cuando un animal estaba sufriendo, no era raro que viniera a nosotros en busca de ayuda. De adulto, he tratado infecciones del tracto urinario con pequeñas cantidades de jugo de arándano diluido y realizado cirugías menores a mis gatos, dándoles antibióticos naturales como miel de *manuka* para promover la sanación y prevenir infecciones. Si es una preocupación que puedo tratarles a mis hijos, generalmente es algo que puedo tratar en mis mascotas.

Recuerda, sin embargo, que cuando un animal está muriendo, su instinto puede ser el de morir solo. Las vacas que salen a pastar no vuelve al granero. Si dejas salir a un perro a orinar, es posible que no vuelva a entrar. Un gato doméstico se retirará a las profundidades más lejanas de un armario. Al igual que algunos humanos, los animales suelen esperar dejar su cuerpo cuando salgas de la habitación. Cuando sientes este instinto, puede ser muy difícil darles el espacio para dejarlos ir.

Animo a la gente a participar activamente en el cuidado de sus animales y crear recuerdos a lo largo del tiempo que tienen juntos. Toma fotos en la playa y parque, dales sus bocadillos favoritos, has arte de patas con pintura o arcilla y aprende a darles masajes. Realiza estas actividades para crear recuerdos cuando se sientan bien, para que cuando no sea así, puedas darle espacio para hacer lo que les parezca natural.

Después de que hayan muerto, puedes colocar su cuerpo de la misma forma que harías con un cuerpo humano. Peina su pelaje, colócalos sobre un lecho de flores, envuélvelos en su manta favorita, diles que los ama y comparte la historia de su muerte con los demás. Si tu mascota ha fallecido en un hospital veterinario y no tiene enfermedad transmisible, puedes pedir que le devuelvan el cuerpo para hacer un funeral en casa. Ten en cuenta que es posible que necesites colocar una almohadilla debajo de la mascota mientras la traes a casa para absorber o atrapar cualquier energía.

Una vez me invitaron a un elaborado y hermoso funeral animal. Se armó una hermosa carpa en un patio trasero con vista al estanque favorito de los perros. Los invitados se reunieron alrededor del santuario para compartir galletas e historias y poemas. Las libélulas que al perro le gustaba perseguir bailaban sobre el estanque. Fue increíblemente sentimental y, de hecho, más significativo que algunos funerales humanos a los que he asistido. Asistí creando colgantes de vidrio en forma de lágrima y corazón con las cremas del perro.

Puede ser hermoso honrar la vida de tu mascota con un funeral en casa o servicio conmemorativo, y puede ser una excelente introducción a funerales para aquellos que nunca han asistido a uno de un ser humano. Nuestras mascotas son algunos de nuestros mayores maestros.

8

Después del último aliento

El duelo es una limpieza; es una forma de reclamar y recobrar nuestro espíritu.

SOBONFU SOMÉ

La muerte no es una emergencia, en la mayoría de los casos. Me refiero al hecho de que, en Estados Unidos y Canadá, la mayoría de la gente muere en la unidad de terapia intensiva donde es probable que la proximidad de morir sea la razón por la que está allí. La muerte tampoco es una emergencia para el paciente de una institución de asistencia que fallece en casa. Cuando has cuidado a tu ser querido enfermo por un tiempo y exhala su último aliento, a veces sientes la urgencia de avisarle a alguien, llamar a alguien o hacer algo.

En lugar de eso, este es un buen momento para hacer una pausa. Permite que los relojes se detengan. Coloca de lado el reloj de arena. En esta vacuidad, en este no-espacio en el tiempo, hay gran pesadez, gran espaciosidad, un inmenso vacío y una plenitud que es incomparable. Siéntete en ese espacio. La pregunta de "ahora qué" puede formarse en tu mente, pero no tienes que morder ese anzuelo. En lugar de ello, en los momentos posteriores a la muerte, solo d e t e n t e. Si eres capaz de liberarte de cualquier tipo de conocimiento, quizá descubras que puedes sentir la extensión del espíritu humano. Descansa en ese asombro.

Los momentos y los días (y, a veces, los meses) después de una muerte son similares a los que rodean al nacimiento; los horarios no tienen sentido y toda la vida se convierte en una especie de vórtice. Si has sido el cuidador primario, tal vez te des cuenta de que ya no eres la persona de contacto y este es un buen momento para que otro individuo se haga cargo. También puede suceder que seas quien continúa como guía en el camino. Sin importar lo que suceda, tus manos se sentirán vacías después de brindar todo ese cuidado físico concentrado. Tejer, excavar en el suelo o solo tener una piedra pequeña o un trozo de paño en tu bolsillo para frotarlos puede ayudarte a ocupar tus manos y a aliviar un poco la pérdida física.

En realidad, nunca sabes cómo te sentirás después de una muerte. En relación con el cadáver, quizá quieras terminar con todo tan pronto sea posible. También puedes sentir una especie de apego a él. A lo largo de la historia, los seres humanos han intentado preservar el cuerpo (por momificación o embalsamamiento) o han deseado eliminarlo a través de un rápido sepelio o incineración. En cualquier caso, te invito a ti (el cuidador) y a aquellos que están más cerca de la persona fallecida a realizar un trabajo lento y espacioso con el cadáver.

FUNERALES EN CASA Y CUIDADO DEL CUERPO

Los funerales en casa pueden sentirse muy naturales, incluso fáciles, si hay un grado de planificación anticipada y si el ser querido ha fallecido en hogar. Si la muerte es inesperada o ha ocurrido fuera del hogar o residencia, será necesario realizar algunas logísticas más, como el transporte. Los funerales en casa son legales en Estados Unidos y Canadá, aunque en un puñado de estados y provincias hay que contratar a un director de funeraria para que supervise.

Aunque los funerales en casa ya no se consideran rutinarios, sí están aumentando en popularidad. Como tantos temas actuales sobre el cuidado de la muerte, los funerales en casa y entierros verdes retratados en revistas y redes sociales se plasman en espacios amplios, luminosos y privilegiados. Deseo fomentar la intimidad y conveniencia de un funeral dirigido por una familia. Un funeral en casa se puede celebrar en un apartamento desordenado, en la casa de un vecino o en un patio trasero muy pequeño. No tiene que ser de una manera particular. Las flores silvestres pueden ser igual de hermosas como las de floristería, quizás incluso más encantadoras, y ciertamente más íntimas. Algunas personas prefieren tener el apoyo de un director de funeraria autorizado y una funeraria en la que confían. Eso también está bien, los cuidados *post mortem* y funerarios nunca deberían realizarse de acuerdo con una sola perspectiva. Cultura, costumbres familiares, individualidad y contexto deberían ser consideraciones más influyentes que las expectativas sociales. La educación y el intercambio de historias conducen a decisiones empoderadas. Esto es más fácil de hacer antes de la muerte.

Si el cuerpo permanece en casa para recibir visitas, lávalo y vístelo, limpia la habitación y permite que una ráfaga de aire fresco entre a ese espacio. Recuesta al cadáver sobre sábanas limpias para que lo vean o recolecta algunas suaves y adorables ramas, como las de cedro, para colocar el cadáver sobre ellas. Si el cuerpo será trasladado a una funeraria, puedes hacer todo lo anterior antes de que lleguen los empleados funerarios. Incluso si solo peinas su cabello o lavas su cara y sus manos, sentirás que has hecho *algo* después de todos tus atentos cuidados durante el proceso de muerte.

A medida que trabajas con el cuerpo, comienzas a comprender de manera cinestésica que la energía de la vida se ha marchado.

Sin embargo, aún es apropiado hablar con el cadáver de tu ser querido: "Ahora voy a mover tu brazo" o "Elegí tu camisa favorita". Bañar y vestir al cadáver puede ser muy extraño, en muchos sentidos. Puedes sentirte extraordinariamente torpe, puedes reírte, puedes derrumbarte sobre el cuerpo y llorar. Todo esto está bien. Dependiendo de su tamaño, tal vez necesites dos o más personas para vestirlo con comodidad (usa la técnica del giro que empleaste para mover a la persona de un lado al otro sobre la cama, cuando todavía estaba viva).

Quizá tengas la oportunidad de ayudar a cavar la tumba, de "oprimir el botón" en el crematorio o de escoltar al cadáver hasta el lugar final. Investiga o pregunta a una doula moderna del final de la vida sobre las distintas maneras de participar en la disposición de los restos. En Estados Unidos y Canadá hay disposiciones más "verdes" que están disponibles en ciertos estados y provincias y que podrían ser de tu agrado o del de tu familia. En ocasiones, estas consideraciones son fáciles de investigar, evaluar y organizar antes de que la muerte ocurra.

Si el cadáver será enviado a refrigeración por la noche o debe viajar sin el cuidado directo de sus seres amados, quizá desees guardar una pieza de cuarzo rosa en su bolsillo, prender un manojo de hierbas protectoras a su ropa o cubrirlo con una cobija especial. La idea no es tanto que protejas al cuerpo de algo o de alguien, sino que coloques un poquito de tu amor, un poquito de remembranza, en el cuerpo que sirvió a la persona en este planeta.

Varias familias con las que he trabajado han construido ataúdes a mano, tallado la tabla de descenso o transporte para un entierro verde, o cosido a mano el sudario de su ser querido. Una familia construyó el ataúd para su padre con puertas viejas.

Qué uso tan creativo de los objetos al azar que se guardan en viejas granjas en el campo. "Poner manos a la obra" no significa que tengas que hacer una especie de ceremonia o disposición elaborada. Los actos más simples de cuidado hacia el cadáver pueden sentirse como un tipo de ceremonia final. ¿Qué ocurre si no haces absolutamente nada? Bueno, eso también está bien.

Con las muertes más lentas que se pueden digerir poco a poco a medida que avanzan, muchos cuidadores declaran que fue una experiencia que transformó su vida de una manera positiva. Desde luego, algunos dicen que no desean vivir esa experiencia nunca más, pero quienes sí desean hacerlo de nuevo tal vez quieran referirse a sí mismos como doulas ancestrales para el final de la vida. Tal vez deseen cursar la capacitación certificada para convertirse en voluntarios comunitarios o doulas modernas para el final de la vida y trabajar en una institución profesional.

A través del enojo, la confusión, la frustración, el dolor, el resentimiento, el agotamiento, la euforia, la alegría y la inmovilidad, la terminación de un ciclo de vida es el final de una larga ceremonia.

⦿ Lugar alternativo

Digamos que después de toda la planeación para la muerte en casa, tu ser querido termina por fallecer en un hospital. Aun así, puedes sentarte con el cadáver, usar un paño para limpiar su cara y sus manos y (en algunos casos) bañarlo y vestirlo. Que no te avergüence expresar tus deseos y asegúrate de pedirlos a la persona con mayor autoridad.

Puedes realizar estos pequeños actos tanto si una funeraria irá a recoger al cadáver como si no. Todavía se trata de tu ser querido, tu responsabilidad (incluso en la muerte). Si eres su pariente más cercano, tienes derechos que refuerzan lo anterior.

¿DEBE EL MUERTO ASISTIR
A SU PROPIO FUNERAL?

Como doula de la muerte antigua y moderna, celebrante de funerales y guía funeraria para familias en Vermont, ayudo, con regularidad, a unir a los muertos con sus vivos apoyando entierros verdes y/o en casa. Estas horas íntimas que paso con las familias para enseñarles cómo rodar, bañar, vestir, amortajar, transportar y enterrar sus seres queridos es uno de los trabajos más preciados que hago. Como los funerales dirigidos por familiares no son la norma, hay mucho apoyo detrás del talón que hago hablando con médicos, personal de cuidados paliativos y secretarios municipales. Al conocer todo el trabajo que se dedicó a conectar los puntos legales para que esto sucediera la ceremonia se siente más como si fueran las estrellas en los cielos las que estan conectadas.

Estar con el cadáver no es para todos, pero a algunos puede ayudarles a normalizar algo que no se siente bien. La muerte no se siente bien. Sin embargo, mientras más tiempo pasas en una habitación con un cuerpo, más vaga tu mente y comienzas, poco a poco, a experimentar otras cosas distintas a la completa desesperación. Alguien puede comentar un recuerdo gracioso y, por una fracción de segundo, sonríes. Cada funeral es distinto, pero algunos de los que he asistido o los que he oficiado han sido bastante alegres... y siempre son mejores con el cuerpo presente. En ocasiones, el cadáver no puede estar presente en su funeral o velorio (por ejemplo, si la persona está desaparecida o sufrió un accidente aéreo). Estas ceremonias son tremendamente tristes y dejan la sensación de falta de cierre.

Tampoco debemos olvidar que el acto de tener un funeral puede ser sagrado, incluso un privilegio. No toda la gente tiene un funeral (por una variedad de razones, incluso falta de presupuesto, la inconveniencia o simplemente porque no hay familiares o amigos que lo ofrezcan). Con frecuencia escucho que personas de generaciones avanzadas dicen. "No, yo no quiero un funeral". Esto me entristece a veces porque los funerales son más para que los vivos se reúnan, compartan el luto, se amen unos a otros y se sientan vivos. Los *millennials* y los más jóvenes parecen opinar lo contrario y desean funerales elaborados.

No mucho tiempo atrás, en nuestra historia de Estados Unidos, el funeral de los afroamericanos esclavos era una parte central de su vida. En ocasiones esta era la única manera de reunirse (con algún grado de autonomía) en "puertos silenciosos", fuera del control de su amo. Por desgracia, a menudo se les prohibía reunirse para un funeral y a muchos esclavos se les negó un entierro apropiado. Puedes leer más sobre este tema en el libro *To Serve the Living: Funeral Directors and the African American Way of Death* de Suzanne Smith.

Cómo hacemos el duelo frente a un cadáver tiene gran importancia.

UN BUEN FUNERAL

Iain MacHarg, gaitero en Vermont, compartió sus opiniones conmigo:

Como gaitero de las Tierras Altas, toco en muchos funerales, servicios memoriales y eventos del final de la vida. Una tendencia muy notable es la ausencia del fallecido. Muchas familias parecen optar por la cremación (por tanto, no hay ataúd); con mucha frecuencia ni siquiera hay una urna presente. Muchos de los funerales solo son personas hablando sobre el individuo que falleció. Esto me parece muy lejano a los funerales a los que asistí cuando era joven y, por cierto, bastante alejado de los velorios del "viejo mundo" en los que participé. En el mundo moderno parecemos sentir un gran temor por la muerte y no queremos verla o recordarla. Como resultado, a menudo los muertos no asisten a su funeral.

También entrevisté a un amable director funerario sobre su trabajo. Sus sentimientos me parecieron verdad:

Después de ser director funerario durante los últimos 38 años en la región central de Vermont, he sido testigo de primera mano de una corriente de cambio en los rituales. En los primeros años de mi vocación, comenzábamos por llevar al muerto a su casa para una visita de uno o varios días. La familia y los amigos lloraban, reían, recordaban y le decían adiós. Al día siguiente íbamos en procesión desde la casa hasta la iglesia y luego al cementerio, acompañando al fallecido a lo largo del servicio religioso, el entierro y luego la recepción. En la actualidad, la mayoría de las familias desean que los servicios sean convenientes, sencillos, inexpresivos y abrumadoramente ausentes de los muertos; una celebración de la vida donde podemos ser reflexivamente felices y evitar el dolor y la tristeza a toda costa. Hemos creado la idea de rellenar esos eventos con actividades y presentaciones de diapositivas, liberación de globos y palomas, relatos anecdóticos de los tiempos felices, pero hace falta algo: el muerto. De alguna manera hemos llegado a la conclusión como comunidad de que, a pesar de que los funerales son sobre el fallecido y para los vivos, los muertos no están invitados a la reunión. El cadáver, sin importar su forma, se ha convertido en la proverbial "Debbie Downer". Evitemos la tristeza, seamos felices y celebremos, agreguemos diversión al funeral. Es como si, una vez que la muerte ha ocurrido, los muertos fueran ahuyentados y delegados a un segundo término en el evento.

Yo propondría que considerásemos analizar a profundidad la posibilidad de regresar a las tradiciones ancestrales de honrar a nuestros muertos. Yo diría que un "buen funeral" consta de cuatro componentes: el muerto (en cualquier forma que se desee), los deudos (nuestros familiares y amigos), una remembranza (reunión donde honramos y recordamos al muerto) y la disposición (acompañar al muerto al entierro o incineración). Estos componentes pueden lograrse de la manera tan elaborada o sencilla como pueda desearse. Puede ser tan básico como acompañar al fallecido al cementerio o crematorio donde montamos guardia, reflexionamos y atestiguamos la cremación o el sepelio (de ahí el buen funeral: cadáver, deudos, remembranza, disposición).

HIERBAS PARA LA REMEMBRANZA Y CEREMONIALES

Existen numerosas tradiciones culturales y rituales que utilizan flores, hierbas y plantas para crear ceremonias o marcar la muerte de un individuo. Las hierbas, en este momento, no necesitan ser ingeridas. En lugar de eso, muchas pueden ser quemadas como incienso, colocadas sobre o alrededor del cadáver, remojadas en agua tibia para lavar la piel o colocadas en el ataúd en el momento de la cremación o el entierro. Puedes usar aceites para ungir la frente, los pies o todo el cuerpo del fallecido y para bendecir su viaje.

¿Cuáles son las tradiciones ancestrales para la persona que está en transición de salida de la vida? La conexión con los orígenes culturales propios puede ser una manera satisfactoria de reconocer a los ancestros e invocar una sensación de paz, en particular si existe una ruptura traumática en esas tradiciones a causa del colonialismo, la esclavitud, la guerra o el distanciamiento de la familia.

La muerte nos hace contemplar nuestro pasado y cuestionarnos lo que vendrá en nuestro futuro. Si te permites este tiempo de cuestionamiento, introspección y anhelo por conectarte con tu ser pasado y futuro, puede ser un periodo de tremenda sanación. Las plantas, hierbas, resinas y ceremonias son formas de conectarte con tus raíces ancestrales. Nunca es demasiado tarde para hacer una ofrenda de este tipo.

Lo siguiente solo es un breve vistazo al rico mundo del cuidado y los rituales herbales posteriores a la muerte. Permite que abra tu mente para explorar más, al tiempo que eres sensible a la apropiación cultural.

- **La lavanda**, como aceite esencial, tiene un aroma maravilloso, es antibacterial y puede ser utilizadas para bañar y ungir el cuerpo después de la muerte.

- **La caléndula** se utiliza en abundancia en los ritos funerarios en la India.

- **El ajo o la milenrama** en trenza se usa en la tradición pagana celta como protección cuando uno viaja hacia el otro lado.

- **El romero** se utiliza desde hace mucho tiempo para la remembranza en el Mediterráneo.

- **Las hojas perennes** simbolizan energía, crecimiento, esperanza, renovación y vida eterna a través del manto frío y oscuro del invierno (especialmente útil cuando otras plantas están debajo de la nieve y el hielo).

- **Los crisantemos** simbolizan la muerte y solo se utilizan como flores funerarias en gran parte de Francia, Italia, España, Croacia, Hungría y Polonia.

- **Rosa** en perfume evoca nostalgia y suele ser placentero. Puedes plantar rosas en memoria del fallecido y regalar ramos a sus deudos, para que puedan disecarlas y guardarlas.

- **El bálsamo de limón** puede ser estimulante. Sírvelo como té a quienes visiten a la persona que está por morir o a los deudos al terminar el funeral.

- **El té de hojas de durazno** es un remedio tradicional para la agitación extrema. En algunas partes de Sudamérica se sirve a una persona que está a punto de recibir noticias difíciles.

- **Las hojas y flores de tilo** son conocidas como un tónico calmante para el corazón, perfectas durante periodos de duelo.

- **La canela** fue utilizada por los egipcios para ungir y embalsamar antes de la momificación, con el fin de alcanzar la inmortalidad.

- **El abedul** se asocia con la reencarnación y el renacimiento. Escribe buenos deseos o notas para tu ser querido en cortezas de abedul y entiérralas con él, quémalas en ceremonia o envíalas con el cuerpo a la cremación.

- **Árboles** son sembrados por el pueblo bakongo de la República del Congo sobre o cerca de la tumba, para que las raíces simbolicen el viaje del alma hasta el otro mundo.

- **Las flores de loto** simbolizan pureza o reencarnación, renacimiento y renovación.

- **La albahaca**, en la India, es útil para los dolientes porque incrementa la vitalidad y el bienestar.

- **Las rosas blancas** (además de los lirios y crisantemos blancos o amarillos) son consideradas flores funerarias en la cultura china.

- **El cedro** se utiliza para repeler la negatividad, estimular las mentes fatigadas y como purificador.

- **El palo santo** es una madera sagrada que utilizan los pueblos nativos del Amazonas. Al quemarlo, puede ayudar a la meditación, protección y conexión con lo divino. (Aunque es sagrado, el palo santo está en peligro de extinción y no debe ser utilizado).

- ✒ **El sándalo** es un árbol antiguo del cual se puede hacer incienso o aceite. Incrementa la vibración energética, la purificación y la relajación. (Úsalo en cantidades pequeñas porque la mayoría de las variedades están en peligro de extinción o son vulnerables).

- ✒ **El olíbano**, como incienso o aceite, puede incrementar la consciencia espiritual y aumentar la intuición. (Estos árboles están en peligro de extinción en la actualidad).

Siempre puedes hacer tu propia combinación de hierbas, flores y rituales especiales para dar significado a tu ceremonia específica. Todas las tradiciones provienen de alguna parte y de alguien que quiso crear una ceremonia especial de remembranza. Tú también tienes ese poder.

VIVIR EN DUELO

Puedes trabajar con tu duelo durante algún tiempo, quizás, por el resto de tu vida. En lugar de percibirlo como algo que "tienes que atravesar", descubre cómo estos nuevos sentimientos se incorporan en tu vida. La muerte cambia la vida. Eso es lo que hace. Sé amable contigo mismo y con los demás a medida que conoces a este nuevo ser en quien te estás convirtiendo.

Bajo la presión de la tristeza, quizá descubras que casi no tienes inspiración, imaginación, ni indicio de qué *hacer* o cómo *ser*. Tal vez apenas seas capaz de ponerte los calcetines del mismo par, ni hablemos de pensar en una manera creativa de consolarte. Para los hombres, en particular, puede ser complicado sentir, revelar y trabajar con su dolor y tienden a ser vistos como "rocas de apoyo" para los demás. Sin importar tu género, si no tienes buenos modelos a seguir (personas que hayan trabajado con su pena de maneras productivas e inspiradoras), puedes buscar ideas en otros tiempos y culturas. Podemos aprender de ellas e incorporar las prácticas que mejor se adapten a nuestro estilo de vida y creencias, sin apropiarnos de sus costumbres en el sentido cultural.

He descubierto que muchas tradiciones judías relacionadas con la muerte son conmovedoras. Algunas personas judías celebran la shivá en el hogar del fallecido durante siete días (aunque en la actualidad algunas personas la han acortado). Durante ese tiempo, los dolientes no trabajan ni asisten a reuniones y evitan otros tipos de entretenimiento y vanidades. Enciende una vela, recitan oraciones y se sientan en duelo y en cercanía con otras personas. Una manera de adaptar esta costumbre para que la puedas practicar (sin apropiación cultural, en caso de que no seas judío) es tomar la decisión consciente de retirarte de la rutina de la vida y permitirte lamentarte en casa. Realiza el ritual de encender una vela y mantenerla encendida durante el tiempo en que hagas el duelo en casa y recita el tipo de plegarias o poesía que signifiquen algo para ti o para la persona que ha fallecido.

He aquí algunas sugerencias para vivir en duelo:

- **Intenta vocalizar tu pena.** Los lamentos fúnebres han sido una tradición en Irlanda y la Escocia gaélica por siglos. Este lamento por la muerte o el llanto fúnebre ha sido practicado alrededor del mundo a lo largo de la historia, incluso en culturas de Asia, oeste de África, América y Australia. En Irlanda se contrataban plañideras profesionales para llorar en voz alta o cantar su dolor en el funeral o velorio, a menudo de rodillas, balanceándose hacia adelante y hacia atrás. Esto provocaba (o permitía) que los demás vocalizaran su tristeza. En mi opinión, nosotros no nos lamentamos lo suficiente en nuestra sociedad; apenas lo permitimos en nuestros bebés. En un simposio sobre la muerte y morir que coordiné, experimenté con la contratación de un gaitero para que tocara para nosotros mientras practicábamos nuestros ejercicios de lamentos fúnebres. Para mi sorpresa y ligera decepción, nadie "se dejó ir" por completo. Aunque todos lloramos de manera colectiva por nuestras pérdidas individuales, no se logró un verdadero llanto de lamentación. Tal vez exista alguna diferencia cuando un grupo se duele por la misma pérdida. O tal vez tenemos el potencial de ahogarnos en nuestra pena y es por eso que se contrataban "profesionales" en el pasado para iniciar el proceso. Yo opino que un buen movimiento sonoro de viento desde tus pulmones puede ser tan útil como un buen movimiento de tierra desde tus intestinos.

∞ **Cuenta la historia de la muerte de tu ser querido.** Cada muerte tiene una historia; al relatarla una y otra vez, se alineará la inefable experiencia que sentiste en tus huesos y en tu ser y ayudará a formarla en palabras para hacerla sentir real y más natural. Hay un juego entre el cuerpo, la mente y el ser (o espíritu) cuando se procesan sentimientos de pérdida. Las historias de la muerte necesitan ser expresadas en el plano terrenal, desde la boca al oído y al corazón. A medida que cuentas tu experiencia a la gente, quizá descubras que dices cosas o que recuerdas fragmentos que antes no recordabas. Al hablar, alguien puede preguntarte. "Cuando tu madre estaba muriendo, ¿habló sobre ver a alguien que ya falleció?". Quizá de pronto recuerdes. "¡Oh, sí! ¡Dijo que su padre estaba allí!". Si no puedes encontrar un buen oído que te escuche, intenta hablar con un miembro del clero, un grupo de apoyo para el duelo, un amable desconocido, un animal o un árbol. Los árboles son muy buenos para escuchar.

- **Duerme**. El descanso puede ayudar más que cualquier otra cosa, al menos durante el primer periodo.

- **Baila, camina o corre**. Mover el cuerpo moviliza energía atascada.

- **Escucha música, crea música**. Las canciones favoritas del pasado pueden ser consoladoras. Prueba diversos tipos nuevos para averiguar qué es lo adecuado mientras haces duelo.

- **Ve hacia el agua, siéntate en el agua, muévete en el agua**. Agrega copiosas cantidades de sales de Epsom a tu bañera para extraer toda la rigidez y las toxinas que necesitan escapar de tu cuerpo. Si no tienes una bañera, párate dentro de un gran recipiente de agua en la regadera y agrega sales de Epsom al recipiente, junto con algún aceite esencial.

- **Póstrate en la tierra, coloca tus manos sobre la tierra y riega la tierra con tus lágrimas.**

- **Mira las estrellas**. En una noche clara, acuéstate y contempla las estrellas. (Si vives en una ciudad, quizá tengas que ser creativo). Juega con las estrellas. Cuéntalas. ¿Puedes verlas a todas? Si sostienes la mirada en un lugar, ¿puedes ver estrellas en la periferia que parecen desaparecer cuando mueves los ojos para verlas? ¿Puedes encontrar las constelaciones? Usar un telescopio tal vez sea una experiencia fenomenal, pero acostarte boca arriba puede ser una conexión terapéutica con la tierra.

- **Abre tu mente a un mundo nuevo**. Tal como la sugerencia de "panorama amplio, panorama específico" para niños, usar una lupa puede abrir tu mente a un nuevo mundo. Es sencillo llevar una lupa en tu bolsillo. Examina la parte trasera de los hojas y sigue el trayecto de las pequeñas venas o contempla un insecto de cerca. Si tienes un microscopio, recolecta objetos de tu entorno al azar para inspeccionarlos.

- **Recurre a los animales**. No te harán preguntas y no necesitan una respuesta particular de ti. Si no tienes mascotas, pide pasar un tiempo con la mascota de algún amigo. Visita un refugio o granja terapéutica, toma una clase de montar a caballo o ve a un lugar donde puedas contemplar animales salvajes en su propio hábitat.

- **Convierte una rutina cotidiana en un ritual**. La consciencia plena y la atención a los detalles puede volverse un alivio. Incluso preparar una taza de té puede transformarse en un ritual cuando cada uno de tus movimientos es preciso y enfocado en el momento. La mezcla de jengibre rallado, cúrcuma, limón y miel en agua caliente es un té agradable y vigorizante. Agrega un poquito de pimienta de cayena si te agradan las especias. Encuentra tu mezcla perfecta.

- **Intenta equilibrar tu cuerpo físicamente**. Desde la infancia he caminado en una cuerda floja y utilizo el equilibrio como una forma de meditación. Mantener mi concentración en movimientos minuciosos me ayuda a liberarme de la agitación o de materias pesadas de la mente o corazón. Puedes hacer lo mismo sobre el suelo, con solo cambiar tu peso hacia atrás y hacia adelante, de un pie a otro, y siente los movimientos físicos pequeños y lentos. El tai chi o el yoga también pueden ser buenos para esto.

- **Crea una sensación de vacío mental**. Los dibujos en la arena y los juegos de playa pueden ser terapéuticos. Crea una obra maestra con conchas, ramas, rocas o flores y luego permite que el agua se la lleve. Puede ser agradable construir cosas, utilizar con cuidado y atención y luego dejarlas ir. Esto es diferente al sentimiento que te invade cuando alguien destruye tu cuidadosa obra (a pesar de que puede ser una buena práctica sobre la transitoriedad, no creo que tenga los mismos beneficios terapéuticos).

❧ **Mécete**. Si moverte y mecerte te hace sentir bien, ve a un parque y siéntate en un columpio. Si puedes encontrar uno de tamaño adulto, tanto mejor. Al ir hacia atrás, inhala; al ir hacia el frente, exhala. Luego intenta lo opuesto: exhala al ir hacia atrás e inhala al ir hacia el frente, siempre balanceando las piernas. Si te sientes un poco mareado, alterna una inhalación durante un trayecto completo de atrás hacia adelante y una exhalación en otro trayecto completo, para hacer más lenta tu respiración. Puedes realizar este ejercicio sentado en tu sillón y balanceándote muy despacio.

❧ **Pinta una imagen de la muerte de tu ser querido**. El arte, propio o de otros, puede ayudarte. Algunas muertes son menos que ideales por muchos motivos. Incluso si lees este libro con el fin de cuidar a un ser querido que muere poco a poco en casa, puede terminar por morir de una caída. Si la última vez que viste a tu ser querido fue traumática para ti, pide a un artista que pinte una nueva imagen de su muerte. Un artista puede ser capaz de suavizar una imagen perturbadora. Puedes mantener esta pintura o imagen en privado, si lo deseas, y sacarla para verla y respirar cuando lo necesites.

❧ **Tómate tu tiempo con las pertenencias de tu ser querido**. Está bien oler sus cosas y abrazarlas. Llora en sus sábanas y huele su jabón, desodorante o perfume. Puede ser muy difícil empacar o donar esas pertenencias. Además, tal vez descubras cosas sobre esa persona que no sabías y eso también es doloroso (y, a veces, gracioso). Ve despacio. Llévate a casa una caja con lo esencial para contemplarlo en privado. Busca maneras de transformar algunas de sus pertenencias con el fin de incorporarlas a tu vida. Puedes crear joyas o fundas para almohadas con su ropa. Las cenizas del difunto pueden transformarse en pendientes de cristal, ornamentos para ventanas o pisapapeles.

- **Camina un laberinto**. Caminar por laberintos puede ser una manera útil de descubrir respuestas a preguntas formuladas, contemplar tu situación actual y reflexionar acerca de la vida y la muerte. Puedes encontrar laberintos en iglesias en todo el mundo, en antiguos espacios sagrados y en áreas de juegos para niños. No debes confundirlos con otros laberintos en los que puedes perderte. El laberinto al que me refiero es el que no tiene callejones sin salida; cuando llegas al centro (el punto medio), solo tomas el mismo camino de regreso.

  Sig Lonegren, geomántico, zahorí y autor de *Labyrinths: Ancient Myths and Modern Uses*, dice lo siguiente acerca del uso de los laberintos para trabajar con la muerte y el duelo: "Se puede caminar por un laberinto para resolver casi cualquier problema, incluso temas relacionados con la vida y la muerte. Cuando uno está en contacto con los reinos espirituales, el laberinto puede proporcionar gran consuelo. Caminar por laberintos puede aportar claridad y consuelo en ambas direcciones: tu pasado y lo que está por venir a medida que te aproximas al final de esta vida. Es una excelente herramienta de meditación para caminar".

- **Camina por una ruta nueva**. Aunque el hábito es bueno, el cambio también puede ser benéfico. Si siempre caminas por determinada ruta, invierte la dirección. Si siempre comes en cierto restaurante, prueba uno nuevo.

- **Da un buen golpe**. La primera vez que me enseñaron a golpear un saco de boxeo de forma apropiada, quedé fascinada. No todas las muertes nos hacen sentir tristes. En ocasiones nos sentimos furiosos y mover físicamente un poco de ese enojo puede darnos alivio. (Consulta la práctica de consciencia plena más adelante, relacionada con golpear y disparar flechas. Ambas actividades pueden ser terapéuticas).

- **Celebra un segundo funeral**. Aunque animo a las personas a celebrar un funeral en el momento de la muerte, incluso si todo es confuso y descoordinado, también creo que los segundos funerales son útiles para sanar.

- **Llora.** Si las lágrimas no brotan, intenta estimularlas sin pensar en tu ser querido difunto o moribundo. Mira una película triste, lee un libro triste, escucha música triste; incluso corta algunas cebollas para estimular los conductos lagrimales y lograr que todo fluya. Es probable que las lágrimas no broten de inmediato o que se presenten en los momentos más extraños. No las detengas, ni siquiera si ocurren en un momento inconveniente. Permíteles fluir, incluso si estás en plena junta de negocios o en un supermercado. Di a la gente que te rodea. "Necesito llorar". Si estás conduciendo un auto, estaciónate en un sitio seguro y llora a tus anchas. En realidad el auto es un buen sitio para gritar, llorar y vociferar. Es un pequeño "nido" móvil con relativo aislamiento acústico y en donde puedes sentirte seguro.

❧

PRÁCTICA DE CONSCIENCIA PLENA
Tirando golpes y lanzando flechas

En primer lugar, aprende cómo golpear de forma apropiada para que no te lastimes. A continuación, comienza con golpes suaves hasta que comprendas la resistencia del objeto que golpeas, ya sea una almohada o un saco de boxeo.

Respira profundo. Nota el enojo en tu cuerpo. ¿Dónde lo sientes? ¿Dónde se origina en tu cuerpo?

Con los pies planos sobre el suelo, absorbe energía de la tierra, hazla ascender por tu cuerpo, a través del lugar del enojo y la resistencia, y permítele recorrer tu brazo hasta tu

puño al golpear. Imagina que tu ira estalla en tus nudillos con-
tra el saco de boxeo.

Repite tantas veces como quieras (y recuerda que hasta un
golpe bien dado puede lastimar tu mano y provocar dolor en
tus músculos).

Puedes realizar un ejercicio similar con una flecha.

Nota la ira, la agresividad o la tristeza en tu cuerpo. Con una
inhalación, absorbe energía de la tierra. Permítele localizar y
avanzar a través del enojo en tu cuerpo.

Al tensar el arco hacia atrás, permite que la energía fluya
hacia la flecha y, con una rápida exhalación, libera la flecha.

Practiqué un ejercicio japonés del siglo XII de consciencia plena
llamado kyudo. En esta práctica, tú agradeces al blanco después de
que recibe la flecha.

Nota importante: Si tu pena y tu tristeza se convierten en una depresión duradera o tienes pensamientos de
poner fin a tu vida, por favor busca ayuda (en lugar de
intentar ayudarte a ti mismo o de buscar apoyo en internet). No se supone que debamos sufrir a solas, aunque
con frecuencia nuestra sociedad no lo hace evidente. Un
buen lugar para comenzar es buscar un grupo de apoyo
en duelo. El hospital o la institución de asistencia pueden
asesorarte al respecto. Si temes estar en riesgo de acabar
con tu vida, por favor llama al 911 o a la línea de apoyo
para la prevención del suicidio en tu país.

Meditación de disolución
de los elementos

La práctica budista de disolución es hermosa y ha inspirado la versión que describo aquí. Mi esposo, Pablo (terapeuta transpersonal y experimentado instructor de meditación), contribuyó con la sección sobre el espacio, que es una grandiosa adición.

Puedes realizar este ejercicio a solas para ayudarte a relacionarte con el proceso de morir. También puedes hacerlo con la persona que está muriendo si una práctica de consciencia pudiera ser útil y si el moribundo parece estar interesado en realizarla.

Sitúate en una postura cómoda. Esto puede significar que te acuestes o que tomes asiento (no debes hacerla de pie). La intención de esta meditación es la relajación total; por tanto, si tienes prisa, prueba la técnica simple de la respiración consciente de seguir la inhalación y la exhalación. De igual manera, si esta meditación comienza a causarte ansiedad, solo interrúmpela, respira profundo varias veces y quizá toma un poco de agua.

Lee los siguientes textos en voz alta y deja un espacio y un tiempo entre cada elemento. Cuando lo hayas repetido un par de veces, puedes cerrar los ojos y hacerlo por ti mismo (o continuar en silencio). Puedes practicar esta disolución de elementos solo una vez o un par de veces seguidas.

Tierra

Tú eres un cuerpo de tierra. Tu cuerpo es denso, pesado, rico y fértil. Siente la forma de tu cuerpo firme como la tierra, hecho del suelo y en el suelo. (Pausa). Siente cada partícula de suelo en la formación del cuerpo de tierra y luego permite que la forma de tu cuerpo se disuelva. Despacio, la forma de tu cara, la curva de cada pie se relaja hermosamente, total en esta desintegración rica en nutrientes en su fusión con el resto de la tierra. (Pausa). Ya no hay un cuerpo.

Agua

Tú eres un cuerpo de agua. Tu cuerpo fluye, se mueve a la deriva, en humedad. Siente la forma de tu cuerpo como agua, en un océano de agua. (Pausa). Siente cada molécula de oxígeno e hidrógeno en la formación del cuerpo de agua que se mueve con el reflujo, el flujo y la atracción de la luna; después, muy despacio, permite que el contorno de tu cuerpo pierda forma cómodamente y se funda con el resto del agua del océano. (Pausa). Ya no hay un cuerpo.

Fuego

Tú eres un cuerpo de fuego. Tu cuerpo es caliente, pulsante, cargado, alimentado por el combustible del apego terrenal. Siente la forma de tu cuerpo como fuego, crepitante y quemándose en el espacio abierto. (Pausa). Siente cada elemento que crea el calor y cambia la forma de tu cuerpo de fuego. Despacio, el centro de tu cuerpo y tus extremidades se separan, se convierten en chispas, en destellos de luz, y apaciblemente se funden en los elementos cósmicos del fuego. (Pausa). Ya no hay un cuerpo.

❦

Aire

Tú eres un cuerpo de aire. Tu cuerpo gira, corre, inhala, exhala. Siente la forma de tu cuerpo como aire rodeado por aire. (Pausa). Siente cada partícula de oxígeno puro que crea tu cuerpo de aire y luego permite que el contorno de tu cuerpo gentilmente pierda forma. Despacio, la forma de tu cuerpo se separa de él y se funde con todo el oxígeno en todas partes. (Pausa.) Ya no hay un cuerpo.

❦

Espacio

Tú eres el espacio más allá del cuerpo; un espacio que es vasto, luminoso, intrépido y libre. Siente el espacio sin forma que existe en el exterior, más allá de los elementos de tu cuerpo. (Pausa). Siente la expansión sin límites en todas direcciones a medida que tus elementos se funden con la esencia universal que no conoce tiempo, espacio, forma o sentido del ser. (Pausa). Ya no hay un cuerpo.

Apéndice

La doula ancestral y la doula moderna para el final de la vida

Nunca hubiera esperado que la muerte fuera aquello que me devolviera a la vida.

ALUA ARTHUR

¿QUÉ ES UNA DOULA DEL FINAL DE LA VIDA?

*E*l trabajo de una doula del final de la vida es en sí una forma de vida: cómo cuidamos a los demás, cómo nos cuidamos a nosotros mismos, las conversaciones incómodas que nos permitimos mantener, cómo nos enfrentamos a nuestra propia mortalidad y cómo elegimos vivir nuestras vidas.

Las doulas del final de la vida quieren crear (o mantener) el tipo de entorno en el que sea cómodo morir. Este entorno puede referirse solo a la persona que está muriendo, pero también puede incluir a su familia y amigos. ¿Crees que es algo muy demandante? Puede serlo. Esto significa tener los papeles en orden, crear un horario que se sienta manejable, entablar conversaciones difíciles, presenciar sin prejuicios el desmoronamiento emocional, asistir a citas, limpiar la casa, permitir que fluya el área de atención, ayudar con las voluntades éticas, hacer vigilia, ofrecer apoyo espiritual, brindar atención física, y muchas horas de escucha. No todas las doulas del final de la vida hacen todas esas cosas, pero algunas sí hacen todo eso y más.

RAÍCES ANTIGUAS Y PRÁCTICAS MODERNAS

Aunque la palabra doula (que significa "sirvienta" o "esclava") tiene su origen en la antigua Grecia, desde que existen humanos en la tierra siempre ha habido quienes ayudan a entrar y a salir de la vida. Este tipo de cuidados es ancestral y no es específico de ninguna cultura o lugar. Pertenece a todos y a nadie a la vez.

En la actualidad, veo una división en el mundo de las doulas del final de la vida, hasta el punto de que creo que es necesario que haya dos nombres distintos para diferenciar estas corrientes. Estamos los que deseamos un cambio social en nuestro acercamiento a la muerte y al morir y estamos realmente trabajando para reclamar el cuidado de la muerte, hayamos recibido o no entrenamiento formal, y están los que buscan una nueva profesión que requiera un certificado de formación de doula del final de la vida. Pienso que ambos son necesarios y me refiero a ellos como *doula ancestral del final de la vida* y *doula moderna del final de la vida.*

En siglos anteriores, las doulas del final de la vida utilizaban sus manos, sus corazones y cualquier recurso al que tuvieran acceso para ayudar a sus seres queridos a atravesar la muerte. Aprendían con la práctica, ya que esta forma de vida se modelaba en sus propios hogares y comunidades. Hoy en día existen personas que recuerdan y desean recuperar esta otra mitad de la vida que ha sido olvidada por tantos. Entienden que sin la muerte la vida solo se vive a medias. Se trata de las doulas ancestrales del final de la vida quienes han escuchado la llamada de sus antepasados, y que llegan espiritualmente conscientes, empáticas, con el mortero y maja en mano, y hierbas metidas en el delantal.

En las últimas décadas hay familias que se extienden por todo el planeta, laberintos de papeleo de abogados y bancos, obstáculos en el sistema de salud, presiones de productividad y conectividad permanente a todo desde nuestros teléfonos móviles.

Las doulas modernas del final de la vida pueden ayudar con algunas de estas cosas porque están formadas para conocer el sistema. Aunque no sean abogados, terapeutas ni profesionales de la medicina, su formación certificada les enseña a sortear estos retos y a orientar al moribundo (o al cliente que realiza el trabajo previo) en la dirección correcta. También pueden ayudar a crear un horario manejable y ofrecer recordatorios sobre el autocuidado y la desconexión de las exigencias del mundo exterior.

Si decides seguir una formación formal de doula del final de la vida, el programa debe hacer hincapié en el papel de una doula dentro de la comunidad más amplia de atención (que incluya a los trabajadores de hospicios, capellanes y trabajadores sociales, entre otros). Hay comunidades donde la gente ha estado haciendo este trabajo durante mucho tiempo, aunque no bajo el título de doula del final de la vida. En el sur de EE.UU., por ejemplo, hay muchas mujeres de color que llevan generaciones haciendo de doula del final de la vida, formadas en el seno de sus propias familias (quizás además de la formación de enfermeras o auxiliares de enfermería). No necesitan un recurso externo para validar sus cuidados.

El objetivo de la formación de la doula del final de la vida no es reforzar tus sentimientos y creencias, ni validar lo que eres como ser humano. El verdadero servicio de la doula radica en sentir, reconocer y moverse a través de tus propios lugares atascados, juicios y temores y liberarse en la amplitud de un cielo abierto que puede contener los sistemas meteorológicos de los demás. Tanto si eliges cuidar de otros mientras mueren como si no, la formación adecuada de doula del final de la vida puede resultar muy curativa e inspiradora y puede despertar un nuevo aprecio por tu propia vida. Las formaciones de doula del final de la vida son todas muy diferentes. Investiga cuidadosamente para encontrar la que mejor se adapte a ti. En la lista de recursos que sigue a este capítulo ofrezco una serie de sugerencias a considerar a este respecto.

Me dedico a enseñar asistencia comunitaria en la muerte a mis estudiantes, muchos de los cuales ya son profesionales en sus campos. Médicos y enfermeras cuya educación carecía de cuidados para los moribundos, terapeutas que desean hablar mejor con sus clientes que tienen diagnósticos de vida o terminales, esteticistas, barberos, baristas, todos ellos excelentes en su forma de servir al mundo acuden a la formación de Village Deathcare. Reconocen que aprender sobre cuidados para la muerte mejorará no solo su trabajo y su medio de vida, sino también sus propias vidas, ya que apreciarán más el hecho de vivir plenamente.

EL DESEO DE UNA SOCIEDAD QUE RECIBA CON BRAZOS ABIERTOS LOS CUIDADOS ALREDEDOR DE LA MUERTE

Si el cuidado de la muerte nunca ha sido modelado de una manera visible para ti, entonces la formación de doula de final de la vida es una gran manera de aprender sobre el cuidado holístico saludable para los moribundos. La formación certificada puede ser algo realmente bueno, ya que estamos desesperados por trabajadores sanitarios en todo el país. Sin embargo, no podemos permitir que la disponibilidad y la popularidad de la asistencia a los moribundos basada en certificados se convierta en la solución para el cuidado de nuestros moribundos.

Cuidar de los moribundos no es solo un arte perdido, sino un valor perdido. El recuerdo de la muerte es el recuerdo más fuerte e importante de la vida. Sin embargo, con las muertes lentas que se nos ocultan (en residencias de ancianos o centros de cuidados intensivos) y la exposición habitual a muertes violentas en películas, videojuegos y medios de comunicación que muestran tiroteos masivos, no somos capaces de conectar fácilmente con la muerte natural o incluso amable. Si nunca hemos tocado la muerte con suavidad, es difícil experimentarla cómodamente como parte de la vida.

Necesitamos un cambio social que valore la atención de la familia y/o del vecindario y la comunidad para los moribundos y los difuntos. Incluso si uno no puede cuidar de su ser querido en casa, la baja laboral remunerada para atenderlo debería ser un derecho. Creo que estas discusiones deberían debatirse con la misma intensidad que la sanidad en las plataformas gubernamentales. La asistencia a la muerte es, en realidad, asistencia sanitaria.

Recursos para el muerto y el moribundo y cómo expandir tu mente

LOS MUERTOS Y MORIBUNDOS

Formación y profesores de doulas de la muerte

Anne-Marie Keppel (autora), Ciudadana de Village Deathcare, villagedeathcare.com

Lashanna Williams, A Sacred Passing, asacredpassing.org

Sarah Kerr, Centre for Sacred Deathcare, sacreddeathcare.com

Pódcasts y canales de YouTube

Joel Simone Maldonado, canal de YouTube *The Grave Woman*

Karen Wyatt, M.D., pódcast de la *Universidad del final de la vida*

National Home Funeral Alliance, pódcast *Un camino a casa*

Páginas web

Colectivo de Estudios sobre la Muerte Radical, radicaldeathstudies.com

Consejo de Entierros Verdes (Green Burial Council),
greenburialcouncil.org

Alianza Nacional de Doulas para el Final de la Vida (National
End of Life Doula Alliance), nedalliance.org

Alianza Nacional de Funerales a Domicilio (National Home
Funeral Alliance), homefuneralalliance.org

Lecturas recomendadas

Tocar tu propia mortalidad

Being with Dying de Joan Halifax

Puntos de vista sociales

Todas las obras de Clarissa Pinkola Estés

Being Mortal de Atul Gawande

Die Wise de Stephen Jenkinson

El hombre en busca de sentido de Viktor Frankl

God's Hotel de Victoria Sweet

Duelo y dolor

My Father's Wake de Kevin Toolis

The Smell of Rain on Dust de Martín Prechtel

Wild Edge of Sorrow de Francis Weller

Apoyo espiritual

Todas las obras de Pema Chödrön

To Bless the Space Between Us de John O'Donohue

Preparing to Die de Andrew Holecek

7 Lessons for Living from the Dying de Karen Wyatt

Spirit Speaker de Salicrow

Tibetan Book of Living and Dying de Sogyal Rimpoché

Antepasados

Medicina ancestral de Daniel Foor

End of Life Enchiridion de Anne-Marie Keppel

Growth Rings de Anne-Marie Keppel

Puntos de vista útiles

Confessions of a Funeral Director de Caleb Wilde

Cultivating the Doula Heart de Francesca Lynn Arnoldy

From Here to Eternity de Caitlin Doughty

Life, Death, Grief, and the Possibility of Pleasure de Oceana Sawyer

Making Friends with Death de Judith L. Lief

Smoke Gets in Your Eye de Caitlin Doughty

This Party's Dead de Erica Buist

Ceremonia, funerales en casa y entierro natural

The After-Death Care Educator Handbook de Lee Webster

Changing Landscapes compilado y editado por Lee Webster

Final Rights de Joshua Slocum y Lisa Carlson

Home Funeral Ceremonies de Donna Belk y Kateyanne Unullisi

Enfoque más ligero

Good Mourning de Elisabeth Meyer

Spook de Mary Roach

Stiff de Mary Roach

Sobre la raza y el racismo en los cuidados al final de la vida

Medical Apartheid de Harriet A. Washington

Til Death Do Us Part de Allan Amanik y Kami Fletcher

To Serve the Living de Suzanne E. Smith

Libros infantiles sobre la muerte
Además de los que se indican a continuación, este sitio web es un buen recurso:
https://whatsyourgrief.com/childrens-books-about-death

>   *Grandpa's Stories* de Joseph Coelho
>   *The Invisible String* de Patrice Karst
>   *Lifetimes* de Bryan Mellonie y Robert Ingpen
>   *Tear Soup* de Pat Schwiebert y Chuck DeKlyen

Para nuevas doulas del final de la vida
>   *Beneath the Bone Tree* de Anne-Marie Keppel
>   *The Death of Faefolk* de Anne-Marie Keppel
>   *The Rabit Listened* de Cori Doerrfeld

EXPANDIR LA MENTE

En línea
>   Centro de Tecnología Humana, humanetech.com
>   Daniel Schmachtenberger, varias entrevistas en línea

Lecturas recomendadas
Recomiendo todas las obras de Andrew Holecek y Sophie Strand, así como libros, charlas y retiros de Tsultrim Allione, además de los siguientes títulos.

>   *Black and Buddhist* de Pamela Ayo Yetunde y Cheryl Giles
>   *A New Earth* de Eckhart Tolle
>   *The Way to Love* de Anthony de Mello

Música

Frecuencias Hz para aliviar el estrés y muchas bellas versiones se pueden encontrar en YouTube, así como sonidos ambientales relajantes de la naturaleza como las olas del mar, una noche de verano, fuego incipiente, etc.

Música y obras escritas sobre Hildegarda de Bingen, música clásica, como Bach, Brahms, Mozart, Boccherini, violonchelistas clásicos actuales como Yo-Yo Ma y Adam Hurst.

Médiums psíquicos

Mary Beth Bruce, (617) 710-2228

Salicrow, salicrow.com

Acerca de la autora

Anne-Marie es doula ancestral y moderna para el final de la vida, educadora sobre los cuidados comunitarios para la muerte, oficiante funeraria Life-Cycle® y facilitadora de Feeding Your Demons®. Es profesora máster de reiki, asistente certificada de enfermería, practicante de meditación desde siempre y coordinadora profesional de eventos. Es madre de tres hijos y vive en el Reino del Noreste de Vermont. Entérate más de su trabajo por **StardustMeadow.com o AnneMarieKeppel.com.**

. . . .

Una breve historia de mi vida hasta el momento presente

Comenzaré por decir que casi todos mis conocimientos se basan en la experiencia. Mis especialidades son el corazón, la intuición, la consciencia plena, las practicidades, las sensibilidades, el valor en la vulnerabilidad, la curiosidad perpetua y la creencia en que la magia puede ocurrir en cualquier momento, y a menudo lo hace.

Tuve una infancia idílica en las colinas de Vermont con los caballos, gatos, perros y otras criaturas de mi familia y pasé los veranos actuando en un circo juvenil. Asistí a mi primera serie de talleres de chamanismo celta a los dieciséis años y estaba en sintonía con reiki (gracias a mi brillante madre, una profesora de reiki) cuando tenía diecisiete años. Mi educación se nutrió de cuentos, enseñanzas y contemplaciones nocturnas con mis padres al pie de la fogata. Compartieron conmigo su trabajo con niños, estudios en psicología, programación neurolingüística (PNL) y técnicas de terapia EMDR, todo ello acompañado de un reconocimiento espiritual global. Este conocimiento, por lo tanto, se integró con cómo pienso, observo y proceso el mundo.

Después de convertirme en madre a los diecinueve años, casarme, tener un segundo hijo y divorciarme a los veintiséis, la vida se volvió significativamente más desafiante. La custodia compartida, el tormento de no tener a mis dos hijos pequeños conmigo los siete días de la semana, las veinticuatro horas del día, destrozo mi corazón. Durante diez años fui madre soltera y a menudo tenía que elegir entre pagar la factura de luz o el seguro del auto. Encontré consuelo en un centro de retiro budista donde todos nos inclinamos hacia el dolor, la tristeza y la incomodidad en vez de ignorar estos sentimiento o tratar de "animarse", como gran parte de la sociedad me dijo que tenía que hacer. Sabía que el reconocimiento de mi dolor era la única manera de sanar.

Durante una década había sido coordinadora de eventos, pero coordinar un retiro de fin de semana para las Trece Abuelas Indígenas fue el evento crítico que me trajo hasta donde estoy hoy. Sirviendo a estas santas mujeres indígenas despertó en mí el deseo de servir a los mayores. Poco después, mi amor y cuidado por un anciano indigente llamado Frank puso en marcha la misión de mi vida y encendió mi interés en la atención comunitaria de la muerte.

Disfruté mucho mi trabajo como voluntaria de cuidados paliativos y asistente licenciada en enfermería y enfermera privada para los ancianos. Trabajé en un pequeño centro de atención residencial cubriendo los turnos nocturnos. Me gustaron los residentes, y el estar alerta en el silencio de la noche despertó en mí una confianza y valentía que necesitaba sanar. Me sintonicé a los ciclos de la luna y cambios en la presión del aire, ya que ambos afectaban mi turno. Tanto la luna llena como la nueva influían en el nivel de actividad y los patrones de sueño de los residentes, afectando la frecuencia en la que me llamaban para asistencia o conversación. Caídas de la presión barométrica podían causar dolores de cabeza, confusión y aumento del dolor de artritis, lo que requería atención adicional o medicación para aliviar el dolor. Así fue como nació mi amor por la medicina alternativa y las hierbas como apoyo, los cuales crecieron junto con el trabajo de cuidadora.

Hoy vivo con mi esposo, el amor de mi vida, Pablo, y nuestra adorable niñita. Mis dos hijos mayores viven a poca distancia en auto. Siento que estoy viviendo mi séptima vida en esta única vida. Me involucro en mi mundo con gratitud despierta porque sé que nada es permanente. Sin embargo, aquí es donde me encuentro ahora, y vivir es un regalo precioso.

Inspiraciones y gran agradecimiento para estos maestros
y amigos, sin ningún orden en particular: Chögyam
Trungpa Rinpoche, Stephen Jenkinson, Joan Halifax,
Tsultrim Allione, Clarissa Pinkola Estés, Anthony
deMello, Amira Góngora, Diana Muniz, Camila Coddou,
Cornelius y Theresa Keppel, Sarah Kerr, Alua Arthur,
Daniel Schmachtenberger, Pablo Coddou, Salicrow,
Jennifer Keppel, Susan Keppel, Karen Vogan,
Carey Aiossa y los Lonegren.

Gracias a las personas que leyeron este libro con antelación;
en particular a aquellas que ofrecieron sugerencias:
Miriam Berrios, Nathalie Vacencio,
Pablo Coddou y Marcello Coddou.

Índice analítico